激変する
日本人の死生観

人は死んだらどこへ行けばいいのか 第2巻

佐藤 弘夫
Sato Hiroo

興山舎
KOHZANSHA

はじめに

仙台市青葉区にある東北大学医学部星稜キャンパスには、「惜命碑」と刻まれた大きな石碑が置かれています。この碑は、実験のために命を落とした動物を供養するために造立されたものです。毎年十月、この慰霊碑の前で実験動物の供養祭が営まれ、関係する教員や学生が花を捧げる姿を目にすることができます。

動物の慰霊碑があるのは東北大学だけではありません。どの大学病院や医学・薬学に関わる研究施設に足を運んでも、それがないところを探す方が難しいかもしれません。

列島各地を歩いていて思うのは、供養碑の多さです。よくみかけるのは、災害や戦災で命を落とした犠牲者を追悼する記念碑です。供養の対象は人間に限りません。実験動物をはじめ、わたしたちが食料にしている鯨や魚類・ウナギなど、多彩な生き物の供養碑を目にすることができます。供養の対象は動物以外の草木や虫、果ては命を持たない人形や針にまで及ぶのです。

わたしたちが当たり前と思っているこうした光景は、実は日本列島以外ではほとんど目にすることはありません。供養碑が並び立つ景色の背後にあるのは、人間だけでなく、人と人以外の無数の存在が相まってこの世界を構成しているという独自の世界観です。

近代は神の支配を打ち破って、人がこの世界の主役に躍り出る時代でした。近代化の過程で、神仏などの超越的存在は社会の後景に追いやられてしまいました。かつて人とともにこの世界を形作っていた死者や森羅万象も、表舞台からの退場を余儀なくされました。そうした趨勢の中で、日本列島は人間中心主義を志向する近代化のプロセスを経てもなお、人以外の存在がこの世界の重要な構成員であるという認識を残す、稀有な空間なのです。

こうした世界観のもとでは、万物がこの世にそれぞれの居場所を見出し、秩序を保って共存することが理想とされました。天災や疫病は、そうした秩序の裂け目に発生するものと考えられました。その裂け目がもっとも生じやすいと考えられた事態が、生から死への移行でした。死者の怨念がこの世に蓄積しないように、特定の供養者を持たない無縁の死者や動植物は、とりわけ入念にケアされる必要がありました。その結果、列島には無数の供養碑と慰霊碑が林立することになったのです。

ここ数年間、世界はコロナウイルスによるパンデミックに苦しめられてきました。欧米諸国では、コロナとの格闘が「戦争」と捉えられ、いかにしてウイルスを「撲滅」すべきかが声高に論じられてきました。しかし、結果的にみれば、右往左往して場当たり的な対応に終始し、決定的な対策を講じることができなかった日本の方が、人口あたりの死亡率は極端に低かったのです。

その原因を、マスク着用に見られるような日本人の過剰な同調性に求める向きもあるようです。しかし、わたしは両者の差異の分岐点を、どのような厄介なものでも共存すべき対象として辛抱強く我慢を重ねてきた、日本列島の長い伝統に見出すべきではないかと思っています。

感染症をもたらすウイルスや病原菌は、かつて日本列島では「疫病神」と呼ばれていました。それは災いをもたらす面倒な存在でしたが、力でねじ伏せるような相手ではありませんでした。ご機嫌をとりながら、共に生きるためのよりよき道を模索する、「神」たちだったのです。

いま人間の生活が環境に与えた影響によって、世界各地で異常気象が相次いでいます。廃棄されたプラスチックによる汚染は、地球全体に広がっています。これは人間がこの世界の主役であるという近代的な世界観の台頭と密接に関わる現象でした。それはまた、人がこの世界を他の無数のものたちと分かち合っているという感覚の喪失と、表裏をなす出来事でした。こうした時期にこそ、森羅万象との関係性を重視してきた日本列島の世界観に、改めて目を向けてみてもいいのではないでしょうか。

日々日差しが強まり、ここかしこに命の息吹を感じ取ることのできる季節になりました。コロナも終息に向かっているように見えます。こんな時期こそ、何の遠慮もなく外を歩いてみたいものです。

この本では、だれでも知っている有名な寺社はあまり取り上げていません。多くが、いま風の表現をすれば、「ディープ」なスポットです。わたしが個人的な趣味で選んだ場所です。

この本を手にして、木立に埋もれてひっそりと佇む寺や霊場を、自分のペースで巡る。古い街道の路傍にある石仏や石碑を訪ねて、そこに託された過去の人々の想いに触れてみる。そんな使い方をしていただければ、著者としてこれ以上の喜びはありません。

見えないものと付き合うことによって心を豊かにしてきた先人たちの知恵を、あるいはそこから感じ取ることができるかもしれません。

本書は、二〇二〇年から二四年にかけて『月刊住職』に連載されたエッセイを編集したもので、前著『人は死んだらどこへ行けばいいのか』の続編にあたります。近日中に、本シリーズの第3巻目（完結編）も刊行される予定です。本書と合わせて、手に取っていただければ幸いです。

激変する日本人の死生観

——人は死んだらどこへ行けばいいのか 第2巻

目次

第4部　失われた極楽浄土

装丁　長谷川葉月

第1部

死者はこの世に帰ってこられるか

1

日本人の死生観はどこから来てこれからどこへ向かって行くのか

遠野のデンデラ野　岩手県遠野市

いにしえよりの信仰の山の謎

標高千九百十七メートルの早池峰山《はやちねさん》は、岩手県の東部に広がる北上山地の主峰です。北《きた》東北の厳しい気候と堅固な蛇紋岩《じゃもんがん》の露頭が森林限界線をはるか下方にまで引き下げているため、二千メートルに達しない標高にもかかわらず、アルプスを思わせる孤高の高山の雰囲気を身に纏《まと》っています。

東北の山の多くは山頂間近まで樹林帯が続き、見通しのきかない登高を強いられますが、早池峰山では、開けた景色と季節折々の可憐な高山植物を楽しみながらの快適な登山を堪能することができます。エーデルワイスの通称をもつハヤチネウスユキソウは、夏にこの山の頂上付近にだけ咲く早池峰を代表する花です。花弁のようにみえる白い星形の苞葉《ほうよう》をもつこの可憐な植物をみるために、多くの登山者が毎年、早池峰山を訪れます。

早池峰山はいにしえよりの信仰の山でした。それぞれの登山口には山の神を祀る神社が置かれています。早池峰の南の登り口にあたる大出《おおいで》の集落には早池峰神社があり、七月中旬に行われる宵宮祭《よいみやまつり》では夜神楽の奉納があります。早池峰神楽というと、山の西に位置する大迫《おおはさま》の岳神《たけかぐ》楽《ら》と大償《おおつぐない》神楽が、国の重要無形民俗文化財やユネスコ無形文化遺産に登録されて有名です。それらはもちろん洗練された素晴らしいものですが、わたしは自分が小さかったころの村祭りの雰囲気を残した大出の神楽が好きで、これまで何度も足を運んできました。

神仏分離まではお寺だった早池峰神社

神社の南を走る道路を折れて石段を登り、神門をくぐると、早池峰神社の境内です（写真）。この神社は明治維新の神仏分離までは妙泉寺という寺院でした。現在の神門は、江戸時代には寺の山門だったものです。門の左右には弓をもった神像が控えていますが、かつてここには一対の仁王像が安置されていました。その仁王さまは、いまはカッパ淵《ぶち》で有名な土淵の常堅寺（曹洞宗）の山門に住まいを移しています。

神門の先には鬱蒼とした杉木立のなかを石畳の参道が続いています。その遥か先に拝殿があり、そこからさらに石段を登った壇上に、江戸時代には寺の本堂だった本殿があります。かつての寺の格式を偲《しの》ばせる豪壮な建築です。拝殿の中央部には参詣者が通るための通路が設けられていますが、神楽奉納の際にはそこに床が設けられ、臨時の舞台となります。

夕闇がしのびよるころに神楽は幕を開けます。やがて周囲は完全な闇に包まれ、灯があるのは拝殿の周辺だけになります。この時間に神門から拝殿の方向を眺めると、建物が灯籠のようにぼんやりと浮かび上がり、神楽のお囃子がかすかに夜気を震わせる幻想的な雰囲気を体験することができます。最後の演目が終了するのは日付が変わるころになります。

『遠野物語』が伝えた死の物語

遠野は柳田國男の『遠野物語』（一九一〇年）の舞台として知られています。『遠野物語』は遠野地方に伝わる民間伝承や逸話を集めたもので、柳田はこの話の元になる情報を遠野の土淵村出身の佐々木喜善から得ました。

『遠野物語』は、前年の『後狩詞記《のちのかりことばのき》』、同じ年に刊行された『石神問答《しゃくじんもんどう》』とともに、柳田が新たな学問の世界に分け入るきっかけとなった重要な著作です。同時にそれは、柳田にとっての個人的な事件に留まらず、民俗学という学問の樹立に向けての第一歩となる記念碑的な作品の誕生を意味するものでした。

実際にこの本を繙《ひもと》いてみると、最初、多くの方は古風な文章にちょっとした違和感を覚えるにちがいありません。しかし、それを封印して読み進めていくと、すぐに山人や天狗や山犬が、生き生きとした姿をとって本のなかから立ち現れてきます。カッパや雪女や座敷童《ざしきわらし》が目の前に出現して、わたしたちに語りかけます。たちまちのうちに『遠野物語』の不思議な世界に引き込まれてしまうのです。

『遠野物語』では異界に対する強い好奇心に加えて、それと深く絡み合いながら、もう一つのモチーフが物語全体を貫いています。「死」についての執拗な関心です。作家の三島由紀夫は『遠野物語』には、無数の死がそっけなく語られている」という言葉を残しています。この作品には一貫して死の影、死の臭いが色濃くまとわりついているのです。

たとえば幽霊です。『遠野物語』にはこんな内容の話が収められています。

――佐々木氏の曽祖母が老衰で亡くなったときのことである。棺を安置した座敷で親族たちが一緒に寝ていた。そこには乱心のために離縁された死者の娘もいた。喪中は火の気を絶やすことを忌む習慣があったので、祖母と母は大きな囲炉裏の両側に座り、母はかたわらに炭籠を置いておりおりに炭を継ぎ足していた。

ふと足音に気づいて目をやると、そこにいるのは亡くなったはずの老婆だった。腰が曲がって着物の裾を引きずるため、その部分を三角に折り返して前に縫い付けてある様子も生前の通りだった。老女が二人の女の座る炉の脇を通り抜けて行くとき、その裾に触れた丸い炭取りがくるくると回った。

母は気丈な人だったので、振り返って見ていると、老女は親戚の人々が寝ている方に近づいていった。その瞬間、かの狂女がけたたましい声で「お婆さんが来た」と叫んだ――。

なぜデンデラ野があったのか

遠野地方には、死後の世界と深く関わると信じられていた「デンデラ野」とよばれる場所がありました。

山口、飯豊、附馬牛《つくもうし》の字荒川東禅寺および火渡、青笹の字中沢ならびに土淵村の字土淵に、ともにダンノハナという地名あり。その近傍にこれと相対して必ず蓮台野（デンデラ野）という地あり。昔は六十を超えたる老人はすべてこの蓮台野へ追い遣るの習いありき。老人はいたずらに死んでしまうこともならぬ故に、日中は里へ下り農作して口を糊したり。そのために、今も山口土淵辺にては朝に野に出づるをハカダチといい、夕方野らより帰ることをハカアガリというといえり（『遠野物語』）

遠野地方にはかつて六十歳を過ぎた老人が一箇所に集まって暮らす習慣があり、その場所がデンデラ野だったとされています。昔の遠野に住んでいれば、わたしもデンデラ野に追いやられる歳になってしまいました。

一読してすぐ分かるように、これは全国に分布する「姥捨て」伝説のヴァリエーションにほかなりません。ここには、現代人が「姥捨て」という言葉から連想するような陰惨な光景はありません。老人たちが肩を寄せ合ってささやかな共同生活を営む、隠居場のような雰囲気さえ感じ取れます。デンデラ野は死期の近づいた老人が人生最後の時を過ごす、彼岸との境界ともいうべき地だったのです。

この世とあの世の境目であったがゆえに、デンデラ野は死にまつわるさまざまな怪異が生起するスポットでもありました。『遠野物語拾遺』には、遠野にあったというもう一カ所のデンデラ野にまつわる伝承が収められています。

　青笹村の字糠前と字善応寺との境あたりをデンデラ野またはデンデエラ野と呼んでいる。ここの雑木林の中には十王堂があって、昔この堂が野火で焼けた時、十王様の像は飛び出して近くの木の枝に避難されたが、それでも火の勢いが強かったため焼けこげている。堂の別当はすぐ近所の佐々木喜平どんの家でやっているが、村じゅうに死ぬ人がある時は、あらかじめこの家にシルマシ（予兆）があるという。すなわち死ぬのが男ならば、デンデラ野を夜なかに馬を引いて山歌を歌ったり、また馬の鳴輪の音をさせて通る。女ならば平生歌っていた歌を小声で吟じたり、啜り泣きをしたり、あるいは声高に話をしたりなどしてここを通り過ぎ、やがてその声は戦場場まで行ってやむ。またある女の死んだ時には臼を搗《っ》く音をさせたそうである。こうして夜更けにデンデラ野を通った人があると、喜平どんの家では、ああ今度は何某が死ぬぞなどと言っているうちに、間もなくその人が死ぬのだといわれている。

デンデラ野は老人が静かに息を引き取る場所であっただけではありません。

死にゆくすべての人々が通らなければならない、この世と冥界との間に設けられた通路だったのです。

今なおあるデンデラ野の視界

こうした伝承を伝えるデンデラ野のほとんどは、その所在が分からなくなってしまっています。そうしたなかで一つだけ、その地名をいまに残す場所があります。山口のデンデラ野です（写真）。

遠野市土淵町山口にいまも残るデンデラ野

山口の集落は、遠野盆地を俯瞰する六角牛山《ろっこうしさん》の北東の山裾に切れ込んだ谷に位置しています。遠野市街の東に位置する六角牛は、北の早池峰山、西の石上山とともに、『遠野物語』では女神の棲む山とされています。

二〇二〇年七月十九日、わたしは遠野に足を運び、大出の早池峰神社と山口のデンデラ野を尋ねました。ときおり分厚い雲の間から太陽が覗く、蒸し暑い梅雨の一日でした。

この日は早池峰神社の宵宮祭でしたが、コロナウイルスの流行のために神楽は中止と決まっていました。それでも早池峰神社では地元の方々が境内に集まり、翌日の本祭に向けた準備が進められていました。神門の前には一対の幟《のぼり》旗《ばた》が立てられ、拝殿の前には茅《ち》の輪が設けられました。それぞれの社殿には幕が張り巡らされ、祭りの雰囲気を醸し出していました。

早池峰神社を後にしたわたしが向かった先が、山口のデンデラ野です。いったんカッパ淵のある土淵に出て、そこから国道三四〇号線を遠野市街とは反対方向に進みます。しばらく走った後に道を右に折れて、山口川が作る谷に入り集落を抜ければ、道の周囲には緩やかな起伏に沿って田畑や山林が続く風景が広がります。「山口のデンデラ野」という標示のある場所で車を止め、農道から別れる細い坂道を登ると、すぐに開けた草原に飛び出します。ここがデンデラ野です。

ススキや雑草の茂る草地は南に向かって緩やかな登り傾斜になっており、その一角には「でんでら野」と墨書された朽ちかけた角柱と、姥捨て時代の住居を再現したものと思しき藁葺きの小屋が建っています。頭をあげ傾斜の先に目をやれば、カラマツの木立の彼方に釣鐘型をした六角牛の稜線が顔をのぞかせています。

視線を反対方向に転じて、いま通ってきた山口地区を望めば、谷は北西の方角に向かって口を開いています。その先には国道三四〇号線が視界を横切って走り、それと並行して流れる小《こ》烏瀬川《がらせがわ》を隔てたはるか彼方の山際には、コンセサマ（金精様・男女の性器を御神体とする神様）を祀る神社のある山崎地区の家々が見えます。

ダンノハナから見える俗世界

『遠野物語』によれば、デンデラ野の近くには必ずダンノハナとよばれる地があったとされます。ここ山口にもダンノハナは存在します。わたしは車に戻ると、集落のある平坦な谷をはさんでデンデラ野と対峙するダンノハナに向かいました。

ダンノハナから見る村の姿

農道を少し戻ると川があり、小さな橋が架かっています。『遠野物語』に「蓮台野の四方はすべて沢なり」と書かれている、その沢の一つです。橋の欄干の支柱には、男が老婆を背負う姿を描いた、姥捨てを連想させるレリーフが嵌め込まれています。

ダンノハナは、六角牛山から張り出した支脈の尾根上に位置しており、いまは墓地となっています。遠くから見ると山の一部を下から上まで刈り上げ、そこに幾層ものひな壇をこしらえたかのように見えます。『遠野物語』の語り部である佐々木喜善も、この地に眠っています。墓石の建ち並ぶ平場を横に見ながら、急な坂道を最上部まで登りつめれば、そこからは村の様子を手に取るように窺うことができます（前頁の写真）。

わたしは墓地の最上段の一角に立って、目の前に広がる村の風景を眺めました。ここは集落との適度な距離が保たれているために、日々の生活に伴う怒鳴り声や泣き声が届くことはありません。日常の雑音から隔てられたこの地に眠る人は、残された縁者の日々の暮らしぶりを目の当たりにして一喜一憂しなくてすみます。けれども、逆に村との距離がこれ以上離れていたら、死者たちは懐かしい人々の表情を見分けることができなくなって、きっと寂しい思いをするにちがいありません――。わたしは無意識のうちに、ダンノハナに葬られた死者の眼差しで俗世を見ている自分に気づき、不思議な思いに囚われました。

柳田國男は一九四五（昭和二十）年に執筆した『先祖の話』という著作のなかで「無難に一生を経過した人々の行き処は、これよりももっと静かで清らかで、この世の常のざわめきから遠ざかり、かつ具体的にあのあたりと、おおよそ望み見られるような場所でなければならぬ」と記しています。遠野のダンノハナはまさにそうした地でした。柳田はかつて遠野で目にしたその光景を思い浮かべながら、この一文を草したのかもしれません。

岐路に立つ伝統的な葬送文化

生者にとって、死者はすでに過去の存在です。にもかかわらず、この世から姿を消した者たちを、人はなぜ繰り返し想起するのでしょうか。ときには狂おしいまでの切なさに駆られながら、なぜ亡き人物の面影を追い求めるのでしょうか。

現代の日本では仏教的な葬送文化が定着しています。だれかが亡くなれば、僧侶を呼び、遺骨を家の墓に納めることが当然と考えられています。他方で、そうした伝統儀礼はいま大きな変貌の過程にあります。核家族化が進行し、維持できない家の墓、供養してくれる人のいない死者が激増しています。この変化はいったいどこに向かうのでしょうか。

この疑問に答えるためには、わたしたちが当たり前と思って受け入れている今日の葬送儀礼と死者供養の風習が、いつ、どのようなプロセスを経て成立したのかという問題にまで視野を広げる必要があります。伝統的な葬送文化が揺らいでいるということは、その土台となってきた世界観と死生観が動揺していることを示すものにほかなりません。それはいま、どの方向に動いているのでしょうか。その変動の先に、いったいなにが待ち受けているのでしょうか。

こうした問題意識をいだきながら、生と死が交差する場を訪ねて日本列島を歩き、日本人の死生観について思索を重ねていきたいと考えています。

2

古代の人々にとって洞窟が生と死とをつなぐ境界だったとしたら

黄泉の洞窟　島根県出雲市

出雲大社の偉容が物語ること

出雲国（島根県）は神の国です。『古事記』や『日本書紀』によれば、「豊葦原《とよあしはら》の瑞穂国《みずほのくに》」とよばれる日本の国土を開いた大国主命《おおくにぬしのみこと》が、そこを天照大神に譲って姿を隠した地がこの出雲国でした。大国主命がいま住まわれている場所が出雲大社です。

大国主命から天照大神への国譲りにあたって、天照大神は、自分の子孫がこの国土を統治し、大国主が目に見えない世界からそれを守護してくれるお礼として「天日隅宮《あめのひすみのみや》」という名称をもつ壮大な神殿を建造することを約束しました。その建物の板は広く厚く、柱には高くて太いものが用いられたと伝えられています。

二〇一九年九月、わたしは島根県を訪れ、神話の舞台を巡り歩きました。最初に足を運んだのが出雲大社です（写真）。現存する本殿は江戸時代、十八世紀半ばの建立です。天日隅宮の伝説を裏付けるかのような壮大な建造物です。正面に掛かるしめ縄も見たことがないような太さです。屋根が両側面から切り落とされたような形をとる「切妻造《きりづまづくり》」といわれる様式が用いられており、入り口は妻の側から入る「妻入」となっています。妻の中央には「宇豆柱《うずばしら》」とよばれる太い柱が立っており、そのため入り口が右に寄せて設けられています。

この大社造りが、神社建築としては最も古い形式であるとされています。屋根の描き出す曲線が柔らかな印象を与えるためでしょうか、本殿の前に進んでも、その巨躯からはそれほど威圧感を感じることがありません。

現存する出雲大社はそれ自体が全高二十四メートルの巨大建造物ですが、古代の神殿はこの二倍の高さがあったという記録が残されています。この話は近年まで、単なる伝説と受け止められていました。ところが二〇〇〇（平成十

大国主命がいまも住まわれる出雲大社本殿

二）年に行った発掘調査で、今の社殿を上回るスケールをもった中世の神殿の跡が発見され、その信憑性が再認識されました。太い三本の柱が鉄の輪で束ねられ、建物を支える一つの柱を構成しています。出雲大社に隣接する島根県立古代出雲歴史博物館には、出土したこの柱の現物や本殿の再現模型が展示されているので、現地に足を運んだ折にはぜひご覧になってくださ い。

戦後発見された猪目洞窟の謎

出雲大社を後にしたわたしは、出雲大社の脇から北に向かう山越えのルートを通って、車で日本海をめざしました。カーブの多い山道を慎重に進み、鷺浦《さぎうら》で海に出た後は、県道二三号線を海岸沿いに東に向かいました。

いまわたしが抜けた出雲大社の裏手の山地には、武蔵坊弁慶が修行したという伝説のある鰐淵寺《がくえんじ》（天台宗）があります。その山脈の南側（出雲大社のある側）では、宍道湖《しんじこ》を間に挟んで松江から出雲市にかけて伸びやかな平野が広がっています。気候に恵まれたその一帯は豊穣の大地であり、古代の先進文明が育まれた土地でもありました。

それに対し、いま走っている山地の北側には、ほとんど平地がありません。左手には日本海が道路際まで迫り、右手には切り立った崖が続いています。時折穏やかな潮をたたえた入江やこぢんまりとした集落が現れますが、狭い曲がりくねった道に気を取られて、なかなか景色を観賞する余裕をもつことができません。緊張した運転を続けているうちに着いた先が、今日の二つ目の目的地である猪目《いのめ》洞窟（写真）です。

古代の葬送地として注目される猪目洞窟

猪目洞窟は入り口の幅が三十メートル、高さも優に十メートルを超える海に面した巨大な洞窟です。波の浸食作用によって削られてできたもので、洞窟からなだらかな傾斜が海に向かって続いています。この洞窟は戦前までは入り口が土砂で塞がっていて、その存在が知られることはありませんでした。一九四八（昭和二十三）年に漁船を置くスペースを広げる工事をしたときに、堆積土を取り除いた先から偶然に発見されたものです。

その後、考古学の調査チームによって洞窟内部の探査が行われ、予想以上に豊富な出土品が発見されました。もっとも多かったものが十数体に及ぶ人骨です。時期としては弥生時代から古墳時代にかけてのものと推定されています。白骨化した腕には装飾品の貝輪が嵌められているものがありました。葬送儀礼に用いられたものでしょうか、種籾《たねもみ》の入った須恵器も見つかっています。木製の器、獣骨などもありました。この洞窟は基本的に葬送の地として利用されていたのです。

洞窟を見下ろす県道の脇に車を止めたわたしは、細い道を通って洞窟の前に降り立ちました。入り口周辺には地元の漁師さんたちの船や漁具などが置かれていて、漁村であればどこにでも見られるような日常の光景が広がっています。

しかし、洞窟内部に足を踏み入れると印象は一変します。天井は急速に低くなり、ほどなく、かがむことなしには先に進めない状態になります。一歩踏み出すたびに闇が深くなり、水も滴り落ちるようになって危険を感じたため、最深部を確認する前に前進を断念せざるをえませんでした。

洞窟の入り口から北の方向に海を眺めると、この洞窟が深く入り込んだ湾の最深部に位置しているの様子がよく分かります。被葬者を見送った人々はどのような思いを込めて、遺骸を海のみえるこの地に運んだのでしょうか。遥か彼方の岬の上では、神々の時代にはなかった風力発電の風車が、ゆっくりとその羽根を回し続けていました。

黄泉の穴をめぐる古代の物語

葬送の地として利用されていた太古の洞窟といったとき、なにか思い起こされることはありませんでしょうか。イザナギノミコトが、亡くなったイザナミノミコトを偲《しの》んで訪れたという黄泉《よみ》の国のありさまが、まさにこの洞窟のなかに展開していた光景だったのです。

日本の国土と多くの神々を生んだイザナギとイザナミでしたが、火の神のお産の際にイザナミは命を落とすことになりました。イザナミへの想いを断ち切れないイザナギは、再会を願ってイザナミのいる黄泉の国を訪れ、もう一度葦原中国《あしはらなかつくに》に戻るよう強く誘います。イザナギの言葉に心を動かされたイザナミは、黄泉神《よもつかみ》に帰れるようにお願いしてみる、といって奥に入るのですが、その間にイザナギは禁じられていた明かりを灯して、イザナミの死体を見てしまいます。その腐乱ぶりに仰天したイザナギがあわてて逃げ出し、イザナミと黄泉の国の軍勢がその跡を追うという、よく知られたストーリーが展開します。

イザナギは黄泉の国の入り口にあたる「黄泉《よもつ》ひら坂」を大きな石で塞いで追手の追撃を遮断します。石を挟んでイザナギとイザナミは会話を交わしますが、怒り狂ったイザナミは「こんな無情な仕打ちをするのであれば、あなたの国の住民を毎日千人ずつ縊《くび》り殺してやる」と宣言します。それに対してイザナギは「愛しい我妻よ、そんな仕打ちをするのであれば、わたしは毎日千五百人の子が生まれるように取り計らうことにしよう」と言葉を返すのです。

注目されるのは、『古事記』ではこの「黄泉ひら坂」について、「いま、出雲国の伊賦夜坂《いふやさか》という」と書かれていることです。すでに記紀の編纂された八世紀の段階で、黄泉の国と出雲が関係づけて捉えられていたことは注目に値します。

死者の世界である黄泉国と出雲国との関わりが説かれているのは、記紀だけではありません。ほぼ同時期に編纂された『出雲国風土記』にも、両者を関係づける興味深い記述が見られます。

同書の出雲郡宇賀郷の項に「脳の磯《なづきのいそ》」という土地の紹介があります。それに続いて、その磯の西にあるという、縦横それぞれ六尺ほどあるという岩窟の話が登場します。この岩屋のなかではさらに奥まで洞窟が続いており、だれもそこに入ったことがないので、どれほどの深さがあるのか分かりません。もし人が夢でこの岩屋の近辺に来ることがあると、その人物は必ず死ぬといわれています。そのため土地の人々は昔から今日に至るまで、この洞窟を「黄泉の坂・黄泉の穴」とよんでいるのです……。

この黄泉の穴があるという宇賀郷は、先ほどご紹介した猪目洞窟のある地にほかなりません。そのため、実際に黄泉の穴を猪目洞窟と関係づけて論じられる方もいます。ただし、縦横六尺

（二メートル弱）とされる黄泉の穴は、三十メートルもの横幅をもつ実際の洞窟と比べるといかにも小ぶりです。なんらかの関わりがある可能性は否定できないにせよ、両者を直接関係づけるのは難しいかもしれません。

小泉八雲が訪れた死霊の岩屋

猪目洞窟を後にしたわたしは、島根県の県庁所在地である松江に向かいました。目的地は松江市内にある小泉八雲記念館です。

アイルランド人の父とギリシャ人の母との間に生まれたラフカディオ・ハーン（小泉八雲）は、アメリカでの生活を経て一八九〇（明治二十三）年に来日します。

この年、ハーンは、島根県尋常中学校に英語教師として赴任するために松江を訪れ、この地方に伝わる豊かで奇怪な伝承に心奪われて、収集に力を注ぐようになります。生涯の伴侶となる士族の娘、小泉セツと出会ったのも松江での出来事でした。

ハーンは「子供たちの死霊の岩屋で」（『日本の面影』）というエッセイで、加賀《かか》の潜戸《くけど》を訪れたときの様子を書き記しています。加賀は松江市街から山を越えた場所にある、日本海に面した小さな港町です。潜戸はそこから船でいくことのできる、海に突き出した岬にある二つの洞窟です。

人力車を使って難儀して山越えしたハーンは、御津浦《みつうら》という加賀の手前の漁村で年配の夫婦の操る手漕ぎの小舟をチャーターし、海に乗り出します。ハーンがまず訪れたのが、船で潜り抜けることのできる「新潜戸」とよばれている方の洞窟でした。波の浸食によって形作られた、大きな海上のトンネルです。ハーンはこの周辺の海の美しさにいたく感銘を受けたようで、その素晴らしさを繰り返しさまざまな表現を用いて描写しています。

同時に、ハーンはこの洞窟をめぐる不気味な伝承にも強く興味を惹かれました。洞窟の天井には白い岩が突き出しており、そこにある穴から白い水が滴り落ちていました。これが伝説の「地蔵の泉」で、死んだ子供たちの亡霊が飲むお乳の泉とされている、とハーンは記していま す。母乳の出がよくない母親は、ここに来て祈るとお乳の出がよくなる。逆にお乳が出過ぎる人はここに来て、余分な母乳を死んだ子供たちに分けてくださいと祈るとお乳の出が落ち着く、という伝承も紹介しています。

ハーンが続いて訪れたのは「旧潜戸」と呼ばれる洞窟でした。下が海面である新潜戸とは異なり、こちらは大地が床をなしている大きな岩窟です。洞窟の前面に舟を着けて、薄暗い窟内に踏み込んだハーンは、そこに鎮座する微笑みをたたえた石の地蔵と、それを取り巻くように無数に林立する石を積み上げた石塔の群れに大きな衝撃を受けます。その間を縫って進んだ先で彼が目にしたのは、さらに驚くべきものでした。

石の塔がないその辺りは、天井から崩れ落ちた岩の屑が、砂のように薄く岩床を覆っている。

その砂の上に、子供たちが裸足で歩いて軽くつけた、長さ八〜十センチメートルほどの足跡が見えた。子供たちの亡霊の足跡だ。

婆さん（船頭の妻）によると、早くに来れば、足跡がもっと見られるという。子供たちの霊が足跡を残すのは夜で、天井から滴る水や露で土が湿っているときなのだが、日が出てきて暖かくなると、砂や岩が乾いてしまい、小さな足跡は消えてしまうらしい。

海を挟んでこの洞窟と対面する桂島のキャンプ場では、いまでも時折、夜に子供の声が聞こえることがある、といわれているそうです。

黄泉と現世はつながっている

わたしたちは今回、島根県にあるいくつかの霊地を訪ねました。どれもが死者の国に通ずると信じられていた場所でした。そして重要な共通点は、いずれも洞窟だったことです。

記紀神話に登場する黄泉の国への通路である黄泉ひら坂は、坂であるということ以外、詳しい情報は記されていません。ただ、大石でもって入り口を閉鎖したという記述を見ると、単なる傾斜地ではなく、洞窟状の地形と考えたほうがよさそうです。古代の日本列島では、洞窟があの世に通ずる道と認識されていたのです。あるいは洞窟そのものが異界と認識されていたのかもしれません。

異界への通路としての洞窟というイメージは、日本の古代だけのものではありませんでした。現代でも有名な鎌倉のトンネル（小坪トンネル）など、地中に開いた穴がしばしば怪異現象の発生するスポットとなっています。宮崎駿監督のアニメ『千と千尋の神隠し』では、森にあるトンネルが神々の世界への入り口になっていました。イギリス人作家、フォースターの手になる『インドへの道』では、インドのマラバー洞窟で起こった不可解な出来事が作品のクライマックスを構成しています。

地下鉄でも子供が線路を歩いている様子を目撃したなど、不思議な事件は跡を絶ちません。わたしはロンドンの地下鉄で、「幽霊を見かけたら通報してください。無賃乗車かもしれませんので……」という掲示を見たことがあります。これはイギリス人一流のジョークですが、黒くポッカリと開いた穴が得体の知れない世界への入り口であるというイメージは、だれもがある程度実感できることではないでしょうか。

他方で、わたしは現代社会がインターネットなどを通じて、死者の住む異界に対する恐怖を必要以上に煽っていることに一抹の危惧の念を抱いています。

『万葉集』には死者の霊魂が行き来することを詠んだ、「青旗の木幡の上を通ふとは目には見れどもただに逢はぬかも」という歌があります。木幡の上空を天智天皇の霊が行き交う様子を皇后が詠んだものです。蝶が花から花へと渡り歩くように、鳥が空を翔けるように、霊は空中を自在に渡り歩いていました。

黄泉の国というとイザナギすら逃げ帰った恐ろしい場所というイメージがありますが、それは腐敗した生々しい死骸からくるものにほかなりません。ハーンが採集したおどろおどろしい伝承も、多くは江戸時代以降に創り出されたものでした。古代では浄化された魂は、かつて生活していたこの同じ世界を、生活を共にした人々の間を縫って軽やかに飛翔するような存在だったのです。

3

死者はこの世に帰ってくるとする死生観を物語る井戸を巡る奇譚

六道珍皇寺　京都府京都市東山区

死者供養のため建てられた寺

毎年、お盆前の八月七日から十日にかけて、京都の東山区にある珍皇寺《ちんのうじ》（臨済宗建仁寺派）とその周辺一帯は六道まいりの人々で賑わいをみせます。京都盆地が暑さのピークを迎えるこの時期は、お盆にふるさとを訪れる故人の精霊があの世から姿を現すときでした。珍皇寺は、あの世とこの世をつなぐ通路と信じられていました。人々は冥土の来客を出迎えるべくこの地に足を運び、彼岸からの旅路を経て到来した死者と対面するのです（次頁の写真）。

参詣した人々は参道の露店で、霊木とされている高野槙《こうやまき》の枝を買い求めます。それをもって本堂に向かい、迎え鐘を鳴らして懐かしき人々を呼び出し、高野槙に乗り移るよう促します。

その後、故人の憑依した高野槙を手にして自宅に戻り、枝は仏壇や精霊棚に納めます。こうして京都の人々はお盆の時期を、先祖たちと共に自宅でゆったりと過ごすことを慣《なら》いとしているのです。

京都の中心部から東に鴨川を渡った先にある珍皇寺は、かつて葬送の地として知られていた鳥辺野《とりべの》の入り口に位置しています。

六道まいりで名高い京都・珍皇寺

吉田兼好が『徒然草』で「あだし野の露消ゆる時なく、鳥部山（鳥辺野）の煙立ち去らでのみ住み果つる習ひならば、いかにもののあはれもなからん」と述べているように、洛東の鳥辺野は、西の化野《あだしの》、北の蓮台野《れんだいの》とともに京都を代表する墓地でした。藤原道長が茶毘に付された地もこの鳥辺野でした。珍皇寺のすぐ近くには処刑場として知られた六条河原もありました。京都でもっとも死が身近に感じられる場所の一つだったのです。

中世まで遡《さかのぼ》れば、遺骸が火葬などの手段によってきちんと処理され、墓を作って埋葬されるような人物は、ごく限られた階層にとどまっていました。大多数の遺体は墓地に運んで簡略な儀式を行い、そのまま放置するという形態が取られていました。当時の葬送の主流は風葬だったのです。

十二世紀に作られた『餓鬼草紙』には、墳墓が建ち並び、遺棄された遺体や遺骨が散乱する墓地を、餓鬼道に堕ちた人々が彷徨する様子が描かれています。

いまは住宅によって埋め尽くされてしまいましたが、かつて珍皇寺の周辺一帯には『餓鬼草紙』に描かれたようなおぞましい光景が広がっていました。珍皇寺自体が、もともとは鳥辺野に葬られた死者の供養を主要な目的として建てられた寺であったともいわれています。

「熊野観心十界曼荼羅」の役割

珍皇寺には数々の寺宝が伝えられていますが、そのなかに、室町時代に作られた「熊野観心十界曼荼羅」（次頁の写真）という畳一枚を超える大きな絵があります。熊野比丘尼《びくに》とよばれる女性の宗教者が携えて各地を回り、絵解きを行ったものです。このタイプの絵画は各地に数多く残されており、珍皇寺のご近所の西福寺にも伝来しています。

この絵は上半分にアーチ型の「山坂」が描かれます。そこでは、右端の坂元の幼児がしだいに成長を遂げながら頂点において社会的な栄達を極め、やがて坂を下るにしたがって年老いていく様が描写されています。背景には樹木が置かれていますが、登り坂にある青年期には花をつけたものや新緑の木々が、頂上では常緑樹が、下り坂では紅葉し落葉していく木の姿が描かれています。

人生の出発点と終着点を示すかのように、坂の両端にはそれぞれ出産と墓地の光景が配置されています。絵の中央には「心」という一字が置かれ、その上方には阿弥陀仏と聖衆が、下方には地獄・餓鬼・畜生・修羅などの悪道で責め苦を受けている多数の衆生が描かれています。

「熊野観心十界曼荼羅」（秋田県宝性寺蔵／東北歴史博物館『熊野信仰と東北』展図録 2006年）

この曼荼羅は、一見すると仏の力によって六道輪廻を抜け出し、悟りの世界に到達することを理想としているようにみえます。しかし、実際はそうではありませんでした。ここでは人は、この世のなかで生と死のサイクルを繰り返しているだけで、どこか別の世界に行ってしまうことはありません。欣求《ごんぐ》の対象である浄土も厭うべき地獄も、この世の内部にあるのです。

理想の人生は未知の彼岸世界に往生することではありません。此土での満ち足りた一生を終えた後、生まれ変わってこの世に生を享け、再び人生の山坂を登ることでした。死は生者の世界に復帰するまでのしばしの休養の時間だったのです。

仏はもはや人を浄土に誘《いざな》うことはありません。生死を超えた悟りへと導くこともありません。厳密にいえば、この絵には仏が描かれていても仏界や浄土は存在しないのです。

仏の役割は、人間が生死どちらの世界においても平穏な生活を送ることができるよう見守り続けることでした。衆生が道を誤って悪道に堕ちることを防ぎ、万一転落した場合はそこから救い出すことでした。

たとえ恐怖や苦難と背中合わせであっても、なじみのこの世界に再生することが人々の願いでした。そして、それを実現するもっとも重要な要因が「心」のあり方だったのです。

悟りを開いて仏になるよりも、人間としてこの世に再生することを優先するこの曼荼羅の世界観は、折々に先祖をこの世に呼び戻しては団欒の時間を共有しようとする六道まいりのそれと、方向性を同じくするものでした。それは彼岸への到達を究極の目的とする中世人の発想とは明らかに異質であり、死者が長く近親者のそばに留まって祖霊への道を歩むようになる、近世的な死生観を背景とするものだったのです。

小野篁が異界へ出入りした「冥土通いの井戸」

冥土と現世とを行き来する人

わたしたちはこれまで、この世とあの世をつなぐスポットとして珍皇寺をみてきましたが、もう一つ忘れてならないのは、平安時代初期の貴族、小野篁《おののたかむら》（八〇二―八五二）が異界へ出入りしたという「冥土通いの井戸」です（写真）。この井戸は珍皇寺の境内にあります。普段は遠くからしか見ることができませんが、春秋などの特別公開の折には近くで拝観させていただくことが可能です。

小野篁は優れた詩人・歌人としても知られていました。日中は役人として朝廷で政務を司っていた篁が、夜になると、この井戸を通って冥界に赴き、閻魔王の宮廷で閻魔大王を補佐していたという伝説は、すでに平安時代から広く語り伝えられていました。『今昔物語集』に掲載された、それに関わるエピソードです。

——小野篁が若い時に天皇の怒りをかって処刑されそうになったとき、大臣の藤原良相《よしみ》のとりなしで救われたことがあった。篁はこのことを深く恩義に感じていた。

あるとき良相は病気にかかって命を落とし、閻魔王宮に連行される。閻魔王の前に居並ぶ廷臣たちの間に良相が見出した人物は、なんと小野篁だった。篁は閻魔王に、この人はたいへんりっぱな人物なので、今回は自分に免じて許してほしいと頼み込んだ。その甲斐あって、良相は無事蘇生することができた。

この世に戻った後、篁と二人きりになったとき、良相はこの件をもちだして篁の様子をうかがった。篁はほほえんでそれが事実であることを認めるが、決して口外しないように念を押した。しかし、いつのまにか篁が閻魔王宮の役人であることは、広く世間に知られるようになってしまった——。

院政期の貴族、大江匡房《おおえのまさふさ》（一〇四一—一一一一）の言葉を筆録した『江談抄《ごうだんしょう》』という著作には、藤原高藤が頓死したときに、居合わせた篁が手で引き起こすことによって蘇生した、というエピソードが収められています。仮死状態の高藤が閻魔王宮で目撃した人物は、そのナンバーツーの地位にあった篁にほかなりませんでした。生き返った高藤は精一杯の敬意を表するために庭に降りて、そこから篁を拝したと記されています。

生の世界と死の世界を股にかける不思議な人物としての小野篁は、これ以外にもさまざまなテキストに収録されています。篁の霊力が、多くの人々を珍皇寺に呼び寄せるパワーとなっていたのです。

井戸で起きる怪奇現象の数々

ここで改めて考えてみたいのは、小野篁が異界との通行にあたって井戸を利用していたというエピソードです。近年境内からは「冥土通いの井戸」に加えて、篁が冥土からの帰還の通路として用いていたという「黄泉がえりの井戸」も発見されています。

なぜ井戸なのでしょうか。

井戸で起こる怪奇現象といったとき、多くの方がまず思い出されるのは江戸時代を代表する著名な怪談、「皿屋敷」ではないでしょうか。この話は浄瑠璃・講談・歌舞伎・落語などの大衆芸能に取り入れられて、広く人口に膾炙《かいしゃ》するようになりました。ストーリーにはさまざまなバリエーションがありますが、その代表的なものをご紹介しましょう。

——江戸時代の初めのころ、江戸の牛込に青山播磨守主膳《あおやまはりまのかみしゅぜん》の屋敷があり、そこに菊という下女が奉公していた。ある時ふとしたはずみで、菊は主膳が大切にしていた十枚一組の皿のうちの一枚を割ってしまった。

怒った主膳は菊の指を一本切り落とし、翌日さらに折檻を加えるといって菊を一室に監禁した。絶望した菊は縄のついたままの姿で部屋を抜け出し、裏手の古井戸に身を投じた——。

その後、古井戸の底から「ひとつ、ふたつ」と皿を数える声が響くようになり、幽霊となったお菊の壮絶な復讐が始まることは、皆様ご承知のとおりです。

井戸を冥界の入り口とする認識は、現代にまで脈々と受け継がれています。いまや世界に名だたるマンガやゲーム・映画などの日本のサブカルチャーですが、そこにも怪奇現象の発生する場所としての井戸がたびたび登場します。

たとえば、人気漫画家、高橋留美子の『犬夜叉』です。この作品は、神社に住む日暮《ひぐらし》かごめという女子中学生が、ふとしたはずみで戦国時代にワープし、霊的な存在と戦いを繰り広げるというものです。彼女が時空を超える際の通路となったのが、神社内にある「骨喰いの井戸」でした。

鈴木光司の『リング』は日本のホラー小説を代表する作品ですが、そこでも井戸は重要な役割を担っています。「呪いのビデオ」をみた人物が次々と死んでいくというこの小説は、中田秀夫監督によって映画化され、一九九八年に公開されました。父親によって井戸に落とされて殺害された貞子という女性の怨念が、この奇怪な現象を生み出した原因でした。その貞子がビデオのなかで井戸から這い出し、やがてテレビの画面を突き抜けて迫ってくる恐怖のシーンは、いまだに多くの方の脳裏に刻み付けられているのではないかと思います。

なぜ井戸が冥界につながるのか

それにしても、なぜ井戸が異界との通路と認識されることになったのでしょうか。それはおそらく、前章で取り上げた黄泉の洞窟と同様、地面にぽっかりと開いた暗い穴から連想されたものだったと思われます。覗き込んでも底まで見通せない井戸の先に、なにか得体のしれない世界が広がっているというイメージは、多くの人にとって共有可能なものです。

それに加えて、もう一つの要因として考えられるのが水脈の問題です。いうまでもないことですが、井戸がいつも水を湛えていられるのは、地下を流れる水脈につながっているからにほかなりません。その地下流の広がりのイメージが、井戸を見知らぬ異界と結びつけているのです。

毎年、三月には奈良の東大寺で春を告げる行事である修二会《しゅにえ》が開催されます。そのクライマックスをなす儀式が「お水取り」です。閼伽井屋《あかいや》という建物のなかにある井戸から水を汲み上げ、仏前に供えるのです。

ここでたいへん興味深いのは、この井戸が「若狭井」とよばれていることです。その名称の由来は、井戸に満ちている聖なる水（お香水）が若狭国（福井県）から送られてくることにあります。お水取りは三月十二日の深夜に行われますが、それに先立つ三月二日、若狭国にある神宮寺では「お水送り」の行事が行われます。そこで送られた水が十日ほどの時間をかけて東大寺に到着し、仏前に供されるというストーリーが共有されているのです。

この儀式は中世以前まで遡るものです。人々は国を超えた地下の水脈のつながりに、古《いにしえ》のときから夢を託していたのです。

水脈を通じての移動といえば、ヤマザキマリの人気漫画『テルマエ・ロマエ』がまさにそれをテーマにしたものでした。古代ローマの浴場と現代日本の温泉を、溺れることをきっかけにしてタイムスリップするこの抱腹絶倒のコメディは、先にあげた『犬夜叉』と同様、日本のサブカルが意外なほどに深く文化的な伝統に根差していることを示す証拠とはいえないでしょうか。

今回は異界への通路としての井戸に焦点を合わせましたが、サブカルで取り上げられる井戸が、骨の沈殿する不気味で恐ろしい場所というイメージ一色に塗りつぶされていることに、わたしは若干の危惧の念を抱いています。

わたしが子供だったころ、田舎にあった実家の裏には井戸があって、生活に必要な水の供給源となっていました。どこの家でも井戸はとても大切にされ、定期的に清掃が行われて清潔な環境が保たれていました。そばには井戸を守る神が祀られ、単なる生活のための一施設を超えて、命をつなぐ聖なるスポットと認識されていたのです。

わたしは、そうしたことを知らないいま、現代の若者が井戸に対する誤った偏見をもつことを恐れています。真夏に乾き切った喉を潤す井戸水の冷たくふくよかな味覚を、井戸で冷やしたスイカやトマトを水滴ごと頬張る贅沢さを、ぜひ都会で暮らす子供たちに経験してほしいと願っているのです。

4 中世鎌倉都市の境界にあたる地に龍の伝説が語られたのはなぜか

江ノ島・龍ノ口　神奈川県藤沢市

元の国使が斬首された江ノ島

二〇二二年十一月中旬のことです。仕事を終えて東京に宿を取ったわたしは、翌日早くホテルを発って、小田原方面（神奈川県）へ向かうJRに乗り込みました。藤沢で小田急線に乗り換えた今日の目的地は、江ノ島を望む片瀬・腰越《こしごえ》（藤沢市）です。午後からは雨という予報でしたが、日差しがたっぷりと降り注ぐ、晩秋とは思えない穏やかな朝でした。

片瀬江ノ島駅で電車を降りたわたしは、境川に架かる弁天橋を渡って対岸に出ました。日曜日ということもあって、かなりの人出です。江ノ島を目指す人の流れに逆らって、江ノ島電鉄の江ノ島駅方向へと歩みを進めます。駅の改札を横目にみながら踏切を越えて直進し、湘南モノレールの湘南江の島駅を過ぎると、やがて右手に寺の門が現れます。常立寺（日蓮宗）の山門です。

門を抜けると六地蔵が並び、それに傘を差し掛けるようにして巨大な銀杏の木が聳え立っています。葉は色づき始めているものの、まだ紅葉のピークまでには間がありそうです。

参道を挟んで、銀杏と向かい合うように、法華経の題目を刻んだ大きな石碑が立っています。その足元には、古風な趣を残す五基の五輪塔があり、それぞれの塔が青い帯状の布で巻かれています。作風を異にする背の高い五輪塔も置かれています。「元使塚《げんしづか》」（写真）とよばれるこれら一群の五輪塔は、一二七五（建治元）年九月二十七日に北条時宗の命で斬首された、元（モンゴル）の使者五名を供養するために建てられたものです。

北条時宗に斬首された元からの国使５人を供養する元使塚（藤沢市常立寺）

ヨーロッパにまで及ぶ大帝国を打ち立てたモンゴルの第五代皇帝フビライ（クビライ）・ハンは、高麗を服属させた余勢をかって、近辺に残された最後の未征服地である日本列島に触手を伸ばします。一二六七（文永四）年には高麗を仲介として日本に使節の派遣を求め、翌年には直接服属を要求する使者を遣わしますが、鎌倉幕府はこれを退けました。この事件がやがて起こる文永の役（一二七四年）の呼び水となるのです。杜世忠《とせいちゅう》を正使とする五名の使節は、文永の役の翌年、改めて日本の臣従を求めるフビライの国書を携えて到来した人々でした。

内モンゴル大学の学生たちに「ハタグ」をかけてもらった筆者（2011年）

時宗はこの使節団を斬首するという手段をとって、徹底抵抗の意思を示します。処刑にあたって、杜世忠は故郷で自分を待つ妻子を思う辞世の句を残しています。常立寺の元使塚は、このとき殺害された使節を供養するため、その埋葬の地に建てられたものと伝えられています。

元使塚は長い間、世間に知られることがありませんでしたが、二〇〇五（平成十七）年にモンゴル出身の横綱朝青龍と白鵬がここを参拝したことで、にわかに脚光を浴びるようになりました。石塔に巻かれている青い布はハタグと呼ばれ、モンゴルで敬意を示す相手に捧げられるものです。二〇一一（平成二十三）年に内モンゴルのシリンホトで開かれた国際会議に招待していただいたとき、懇親会で、わたしもハタグを首にかけてもらったことを思い出しました（前頁の写真）。

それ以降もモンゴル出身力士による元使塚参拝は継続されています。二〇〇七（平成十九）年三月一日には、モンゴルの大統領、ナンバリーン・エンフバヤル夫妻もこの地を訪問していますます。七百年以上も前に起こった不幸な出来事が、いま日本とモンゴルの絆を深める役割を果たしているのです。

日蓮聖人「龍ノ口法難」の地で

蒙古襲来といえば、多くの方が思い出すのが鎌倉仏教の祖師の一人、日蓮ではないでしょうか。

一二六〇（文応元）年、日蓮は鎌倉幕府の最高権力者である北条時頼に『立正安国論』を提出しました。日蓮はこの書のなかで、災害が頻発して悲惨な状況に陥っている現状を改善するためには、正しい仏法の確立が不可欠であることを力説します。その上で、混乱の極みにある仏教界をそのまま放置すれば、さらに「自界叛逆難《じかいほんぎゃく》」（内乱）・「他国侵逼難《たこくしんぴつ》」（外国の侵略）という二つの災禍が襲いくるであろう、と述べるのです。

『立正安国論』の「他国侵逼難」は、後に蒙古襲来を予言したものと捉えられるようになります。近代になると憂国の預言者としての日蓮像はさらにクローズアップされ、モンゴル軍撃退の主役に位置づけられます。一九五八（昭和三十三）年に制作された映画、『日蓮と蒙古大襲来』（大映）では、日蓮がみずから蒙古退散の祈祷を行い、神風を呼び起こしてモンゴル軍を波間に沈めたというストーリーになっています。

しかし、歴史的な事実としては、鎌倉幕府が日蓮の主張を受け入れることはありませんでした。逆に、その強硬な諸宗批判に業を煮やした幕府内の反日蓮グループは、日蓮の排除を決意するのです。

一二七一（文永八）年九月十二日、逮捕され、形式的な裁判によって佐渡流罪を宣告された日蓮は、護送の兵士に囲まれて深夜に鎌倉を出発します。表向きは流罪でも、明らかに途中で処刑するための出発でした。鎌倉を出た一行は、七里ヶ浜沿いに江ノ島方向をめざします。片瀬にある龍《たつ》ノ口《くち》とよばれる地で日蓮は馬から降ろされ、首の座に据えられます。まさに危機一髪の瞬間です。

けれども、この処刑が執行されることはありませんでした。理由は定かではありませんが、斬首の刑は寸前に中止となりました。虎口《ここう》を逃れた日蓮は、長い佐渡への道中へと踏み出すのです。

　現在、首の座の故地とされる場所に建つのが龍口寺《りゅうこうじ》（日蓮宗）です。先に紹介した常立寺とは、山を挟んで背中合わせの位置にあります。常立寺を出て、来た道を引き返すと、すぐに左に分岐する道が現れます。そちらに入ってモノレールの湘南江の島駅の下をくぐり、数分歩けば龍口寺の門前です。

龍口刑場跡を示す龍口寺境内にある御霊窟

　龍口寺は道路から広い階段を上がった高台に位置しています。日蓮はその生涯で数々の「法難」（信仰が原因となった迫害）に直面しました。なかでも首の座にまで据えられた「龍ノ口法難」は、信仰者としての日蓮の開眼につながる、もっとも大きな事件でした。龍口寺はその法難の地を示す重要な霊跡なのです。

　龍口寺の境内には、「龍口刑場跡」を示す石碑が建てられています。事件の当日、日蓮が閉じ込められていたという土牢の跡（御霊窟）もあります（写真）。

　法難七百年を記念して建立された山頂の仏舎利塔から

は、江ノ島や片瀬海岸を一望することができます。

なぜ龍ノ口に刑場があったか

わたしはここまで、江ノ島に対面する片瀬の龍ノ口が、モンゴルの使節と日蓮の処刑の地とされたことを述べてきました。ここで首を切られた人物は、元使だけではありませんでした。

伊豆に流罪となっていた源頼朝は、一一八〇（治承四）年、平氏に圧迫されていた東国の豪族たちを頼んで伊豆で挙兵します。平氏方はこれを鎮圧すべく直ちに兵を差し向け、石橋山で合戦となります。頼朝はこの戦いに敗北し、伊豆山中を彷徨した後、船でかろうじて房総に脱出することに成功します。この石橋山の戦いで平家方の中心となったのが大庭景親《おおばかげちか》でした。

景親は頼朝が勢力を盛り返して鎌倉入りすると、頼朝に降伏を申し出ますが、受け入れられずに処刑されます。その執行の地が「片瀬の河辺」として記録に残されています。正確な場所は確かめる術もありませんが、龍ノ口近辺であったことはまちがいありません。

ここで首を切られたもう一人の有名な人物が中先代《なかせんだい》の乱（一三三五年）の首謀者、北条時行です。一三三三（元弘三）年に鎌倉の北条氏が滅亡し（元弘の乱）、後醍醐天皇による親政が開始されますが、それに不満をもつ武士たちの反乱が各地で起こりました。

時行は鎌倉幕府崩壊時の執権だった北条高時の遺児です。北条氏に仕えた者たちに担ぎ上げられて挙兵し、鎌倉の奪還に成功します。しかし、すぐに鎌倉から追い出されてしまいます。やがて時行は捕まって斬首されますが、その執行の地がやはり龍ノ口だったのです。

それにしても、なぜ龍ノ口周辺が処刑の場となったのでしょうか。よく指摘されるのが、当時、この地が鎌倉の内と外を隔てる境界と認識されていたという点です。

源頼朝の時代に話を戻します。一一八五（元暦二）年、平氏は壇ノ浦の戦いに敗れて滅亡します。平氏方との戦いで大きな戦功を挙げた義経ですが、しだいに兄頼朝との関係がギクシャクしたものとなります。頼朝に敵対する意思がないことを示すべく、義経は鎌倉に向かいますが、鎌倉入りを許されることはありませんでした。義経はやむなく腰越に留まり、二心がないことを切々と綴った書状を頼朝側近の大江広元に送って、取次を依頼します。鎌倉幕府の正史を記した『吾妻鏡《あづまかがみ》』に載せられている有名な「腰越状《こしごえじょう》」です。義経は結局、頼朝との対面がかなわないまま、京へと引き返すのです。

これはよく知られたエピソードですが、重要な点は、鎌倉入りを拒否された義経が腰越に留め置かれたことです。腰越は都市鎌倉と外部を隔てる、境界の地と考えられていたのです。

義経が書状を執筆した地は、いまの満福寺（真言宗大覚寺派）と伝えられています。満福寺は江ノ電の腰越駅からわずかの距離にあり、義経や弁慶にまつわる品を伝えています。龍口寺からでも直線で六百メートルほどにすぎません。

　中世では処刑地や墓地は、しばしば都市と郊外との境界に設けられました。たとえば、化粧《けわい》坂《ざか》切り通しは鎌倉に入る際の重要な関門でしたが、周辺一帯で死体処理と葬送儀礼が行われたことが知られています。鎌倉時代末期に反北条の企てが露見し、捕らえられた後醍醐天皇派の公家日野俊基《ひのとしもと》は、ここで首を切られています。

　鎌倉のもう一つの入り口である朝比奈切り通しは、鎌倉の外港である六浦《むつうら》に続く要衝です。その六浦を見下ろす丘の上で、大規模な宗教施設と墓地が発見されています（上行寺東遺跡）。片瀬・腰越はこれらと並ぶ都市鎌倉の境となる地であり、同時に生と死を隔てる場所として認識されていたのです。

江ノ島が聖なる島となったわけ

　片瀬の龍ノ口が刑場となったことについて、中世に著された天台宗の百科全書ともいうべき『渓嵐拾葉集《けいらんしゅうようしゅう》』は、とても興味深い伝説を伝えています。原文は漢文で、正確に読み解くことが難しい箇所もありますが、おおよその内容は以下のようなものです。

――昔、江ノ島近辺にあった深沢とよばれる深く広大な池には、凶暴な五頭龍が住んでいて、しきりに人身御供を要求した。腰越の長者は十六人の子供がいたが、毎年贄《にえ》として一人ずつ龍に捧げなければならなかった。

長者の悲しむ様子をみた弁財天は、この世に化現して五頭龍を説得し、人を餌食にする行為をやめさせ、今後は万民の守護を自身の務めとするよう勧めた。さらに、天龍八部や四天王に命じて一夜のうちに島を築き、それを江ノ島と名付けて、胎蔵界・金剛界両部にあたる二つの峰を作った。以来、島には生身の弁財天が鎮座し、白龍も棲んでいる。江ノ島はこうして聖なる島＝「霊島」となった。

心を入れ替えた五頭龍は江ノ島を守ることを決意し、わが身を大きな岩に変えて、江ノ島に向かって南向きに体を横たえた。その上にあるのが、現在の龍口山の大明神である。

大明神は誓願を立てて、世の平和を保つために、もし暴虐の輩がいれば自分の目前で首を斬り、贄とするよう命じた。鎌倉の「謀反・殺害人・夜討・山賊・海賊」などの悪人が、この明神の宝前で首を切られるのは、このような経緯によるものである――。

ここに登場する龍口明神社は、湘南モノレールの西鎌倉駅近くに鎮座しています。もともとは龍口寺の西隣にあったものでした。氏子たちの要望により、一九七八（昭和五十三）年に現在地に移転したものです。

龍ノ口の龍口明神は元宮として、龍口寺に寄り添うようにして、いまもひっそりと佇んでいます。

都市と都市の境に龍が棲むわけ

片瀬と腰越を探索した旅の最後に、わたしは江ノ島大橋を通って江ノ島に渡りました。コロナの行動制限が解け、外国人観光客の入国が認められたこともあって、島内はなかなかの賑わいぶりでした。ぶらぶらと道を歩いていると、聞きなれない言語が耳に飛び込んできます。

いつものように鳥居を抜けて、魚介類を焼く匂いの漂う仲見世の坂道を登り、江島《えのしま》神社に参拝します。そこから店の並ぶ御岩屋道通りを奥津宮まで進み、稚児ケ淵に降り立ちました。しばらく岩棚でぼんやりと海を眺めた後、龍の棲む岩窟を拝観しました。

帰り道は少し寄り道して、久しぶりにシーキャンドル（展望灯台）に登ってみました。いまは片瀬の海岸沿いに多くのビルが林立して見通しは悪くなりましたが、展望台から北の方角に目をやると、江ノ島大橋の延長線上に、龍口寺の裏山にあたる龍口山を正面から眺めることができます。龍口山から湘南モノレールに沿って南北に連なる丘陵が、体をうねらせた龍のようです。緑の残る山並みが、背中の鱗にみえます。龍口寺が江ノ島に顔を向けた龍の、まさにその口の部分にあたることが、よくみて取れます。

中世に書かれた行基図とよばれる日本図が残っていますが、そこでは巨大な龍が日本を取り巻く姿が描かれています。これは他国の侵略に対し、龍に変身した日本の神々が国土を守護している様子を示すものでした（黒田日出男『龍の棲む日本』岩波新書、二〇〇三年）。

国と国の間だけではありません。中世以前の社会では、集落と集落の境界、都市と都市の境界には、人ではないものたちが棲む世界があると信じられていたのです。

鎌倉の人々には、腰越から北に向けて身を横たえる丘陵は、龍が都市鎌倉を守ろうとしている姿と認識されていたのかもしれません。龍ノ口での斬首はその龍に対する贄《にえ》の奉献であると同時に、処刑者の魂を救済者の化現としての龍に委ねようとする、ささやかな心遣いであったようにも思われるのです。

5

山形盆地に重文数十を擁す大刹が創建された謎を解く鍵は熊野にありや

慈恩寺　山形県寒河江市

広大な境内に広がる仏堂社殿

長く厳しい寒さの続く東北も、三月に入ると少しずつ春の息吹が感じられるようになります。太陽の光が日々力強さを増し、風は無色透明のジンから、熟成したワインのような多彩な香りを含んだものへと変化していきます。雪の消えた地面では福寿草が黄色い花をつけ、路傍には「星のまたたく如く」（高浜虚子）に可憐なイヌフグリが咲き誇ります。

今回は、そんな季節に訪れてみたい東北の霊場をご紹介したいと思います。山形県の寒河江《さがえ》市にある慈恩宗の本山慈恩寺です。

仙台から自動車で慈恩寺に向かう場合、まず東北自動車道を南下し、村田ジャンクションから山形自動車道に入ります。宮城と山形を隔てる蔵王連峰の山腹を貫くトンネルを抜け、山形盆地を横断して寒河江インターで高速を降ります。そこから、さくらんぼ畑のなかの一般道を、北に向かって十五分も走れば慈恩寺です。

数多くの重文を擁する寒河江市・慈恩寺の本堂

鉄道を使う場合は、山形から「フルーツライン左沢《あてらざわ》線」に乗り、最寄りの羽前高松駅から歩いて二十分ほどの距離です。どの交通手段を使っても、車窓から、雪を戴いた周囲の山々を背景とする、花に溢れた盆地の光景を堪能できます。

山形盆地の西寄りに位置する慈恩寺は、葉山から南に延びた丘陵の先端に位置する高台の寺です。葉山は標高千四百メートルほどの独立峰で、山形盆地の北部では、どこからでもその山容を目にすることができます。

山門を抜けて広大な境内に足を踏み入れたとき、まず目に飛び込んでくるのが江戸時代の初めに建立された巨大な本堂（国指定重要文化財）です（写真）。桁行《けたゆき》（正面）七間の茅葺《かやぶき》の本堂には、弥勒菩薩が本尊として鎮座しています。境内とその周辺には、本堂以外にも山門・三重塔・熊野神社本堂など、江戸時代に造られた見応えのある建物が配されています。

現在、慈恩寺の境内は本堂のある平場周辺に限られていますが、江戸時代には東北随一の朱印地を領有し、三つの院坊と四十八の坊をもつ巨刹でした。裏山の頂上にも「山王堂跡」（山王台）とよばれる場所があります。いまはなんの施設もありませんが、わたしはかつて天台宗の勢力によって、この地が慈恩寺の奥の院として位置付けられていた時期があったと想像しています。山王台までは、本堂脇から急坂を直登するルートがあります。脇道を通って車で行くことも可能です。

現在、「山王台公園」として整備されているこの地から見下ろす山形盆地の光景は、一見に値します。眼下を寒河江川が横切り、はるか盆地の先にあるのは屏風にも似た蔵王の峰々です。五月の連休のころ、残雪が陽光に照り映える景色はことに素晴らしいものです。

目を奪われる重文尊像の圧巻

見どころの多い慈恩寺ですが、圧巻は質量ともに卓越した仏像群です。国の重要文化財に指定されている像だけでも、三十一点に及びます。本堂には、大きな宮殿《くうでん》（厨子）が置かれていて、本尊の弥勒菩薩像と、その脇侍として釈迦如来坐像・地蔵菩薩坐像・不動明王立像・降三世明王立像の四体が安置されています。いずれも鎌倉時代の作で、国指定の重要文化財です。

厨子内にはあわせて三十三体の像が納められていますが、普段は秘仏とされ、数年に一度特別な行事に合わせて公開されています。厨子の秘仏のなかで、わたしのお気に入りの像が、高さ二十センチほどの小ぶりな菩薩像（平安時代・国指定重要文化財）です（写真）。正座から少し腰を浮かせた状態の「大和座り」の姿勢をとっています。一度だけ直接拝観させていただいたことがあります。

慈恩寺の宮殿にある秘仏・菩薩坐像（寒河江市教育委員会のパンフレット『国史跡慈恩寺旧境内』）

両手は失われていますが、表情は柔和で愛らしく、裳裾が風に翻る様子が巧みに表現されており、この瞬間に目の前に現れたような躍動感に満ちています。本来は阿弥陀の来迎像の脇侍で、往生者を載せる蓮台を捧げ持つ観音菩薩だったのではないかと考えられています。

公開されている諸仏のなかにも秀作はあります。本堂の聖徳太子立像（鎌倉時代・国指定重要文化財）は、端正な顔立ちと鋭い眼光をもった木像です。髪を左右に分けてみずらに結い、香炉を手にしています。十六歳の聖徳太子の姿を表現した「聖徳太子孝養《きょうよう》像」とよばれる作品です。胎内には血で書かれた『法華経』（国指定重要文化財）が納められています。

同じく本堂に安置された阿弥陀如来立像は、歯が金属で作られている「歯吹《はふき》」とよばれる珍しい作風です。中世の日本列島では、浄土の仏がこの世に出現した瞬間を表現する、「生身《しょうじん》」とよばれるタイプの像が数多く作られました。生身仏は生々しい実在感を出すためにさまざまな工夫がなされましたが、歯吹もその一つだったのです。

数多い慈恩寺の仏たちのなかで、忘れずに拝観していただきたい像が、本堂そばの薬師堂に安置されている十二神将像（国指定重要文化財）です。八体が鎌倉時代の作で、残りの四体は江戸時代の後補です。いかにも鎌倉時代らしい写実的な作風で、視線には力強さがあり、身体の隅々まで精気がみなぎっています。

なぜ寒河江に仏教が栄えたか

いま慈恩寺に残る東北でも質量ともにトップクラスの仏像群は、どのような経緯を経てこの地に鎮座することになったのでしょうか。わたしたち現代人の感覚からすると、かなりの僻地にみえる寒河江に、なぜこれだけの巨刹と大量の仏像があるのでしょうか。それらの仏像の多くが、洗練された中央の作風を示しているのはなぜでしょうか。

慈恩寺の濫觴《らんしょう》は必ずしも明確ではありません。寺伝では奈良時代の行基菩薩や婆羅門僧正が関わっているとされますが、寺の立地状況からみてその開基は、延暦寺・醍醐寺・室生寺などの山寺の創建ラッシュが起こる平安時代前期と推定されます。ただし、実際にその名が史料上に登場するようになるのは平安時代の後期（院政期）のことです。

この時期、最上国村山郡（現在の寒河江市を中心とする地域）に摂関家領の荘園、寒河江荘が設けられます。荘域を一望する地点にあった慈恩寺は、領主であった摂関家や上皇、さらには奥州の覇者であった平泉の藤原氏の手厚い支援を受けて、最初の全盛期を迎えます。

寒河江は当時の水陸の交通の要衝に位置していました。日本海を船で運ばれてきた都からの物資は酒田の港で川船に積み替えられ、最上川を遡上して寒河江荘に到着しました。慈恩寺に残る仏像や仏具もこのルートで運ばれてきたものと考えられています。

寒河江から上流の最上川は、急流のため舟の使用ができなくなることから、各地に運ばれる品々はすべていったん寒河江で積み替えられる必要がありました。そのため寒河江の左沢（大江町）は寄港する船で賑わいをみせていました。他方、寒河江荘の年貢は、このルートを逆に辿る形で京都に運ばれていったのです。

寒河江は陸上輸送の大動脈上にも位置していました。内陸の村山盆地は六十里越えとよばれる街道で日本海沿いの庄内平野と結ばれていましたが、このルートが寒河江荘を貫通していたのです。寒河江荘は水陸の輸送路が交差する交通の要衝でした。その路は遠く京都までつながっていたのです。

慈恩寺は決して辺境の寺ではありませんでした。文化的にも中央との太いパイプを保持していました。慈恩寺に残るほとんどすべての仏像が中央の仏師の手になるものであった背景には、こうした当時の社会状況があったのです。

慈恩寺に熊野神社があるわけ

中世では、水上輸送の主要な担い手となっていたのが熊野の海上勢力でした。慈恩寺のパトロンとなった藤原氏が拠った平泉の遺跡からは、愛知県の常滑や渥美で生産された大量の土器が出土しますが、その輸送を担当したのが熊野の神を信仰する人々（熊野神人《じにん》）だったのです。

熊野の水運業者は道中の安全を祈願すべく、輸送ルートに沿って熊野の神を勧請し、熊野神社を建立しました。東北の太平洋側には海上交通と深く関わる地に、平安時代に遡る熊野の古社が点々と存在します（第1巻 第15章参照）。鎌倉の外港である六浦《むつうら》にも熊野の神が鎮座しています。

古くから船を運行する際には、海路を見失わないように、海から見て目印になる山を設定すること（山あて）が広く行われていましたが、北上山地の室根山はまさにそうした山でした。その八合目に熊野神社（室根神社）があり、本宮と新宮が並んでいます。

中世熊野の水運業者の活動は太平洋沿岸が中心でしたが、日本海側にも及んでいたものと推測されます。それをうかがわせるものが、慈恩寺境内への熊野神の勧請です。慈恩寺に隣接するこの社は、いまは独立した神社となっていますが、本来は慈恩寺の守護神として、十二世紀に後白河院の命によってこの地に勧請されたものです。

現在の本殿は一六八一（延宝九）年に建立された一間社流造《いっけんしゃながれづくり》の建物で、懸魚《げぎょ》や蟇股《かえるまた》など随所に桃山建築の技法がみられます。貴重な古建築として山形県指定の有形文化財となっています。

熊野神社の建立は後白河院の異常なほど熱心な熊野信仰によるものでしたが、熊野の神人たちもその創建に関わっていたものと推測されます。それを裏付けるものが寒河江の荘域に存在するもう一つの熊野の古社、平塩《ひらしお》熊野神社です。

平塩熊野神社は最上川を挟んで、慈恩寺と正対する高台にあります。並んで走る最上川と六十里越街道を見下ろす位置に鎮座しており、運輸に携わる人々の守護を意識した立地であることが見て取れます。

この神社では毎年四月三日に境内に舞台が設置され、舞楽が奉納されます。その日は普段閉じられている社殿の扉が開かれて、安置されている二体の像が披露されます。椅子に座った姿をした地獄の十王像で、制作は十二世紀に遡ります（写真）。現在は神社となっていますが、建築様式からみて、江戸時代には仏堂として使用されていたものと推測されます。

平塩熊野神社の社殿にある２体の十王坐像

本殿の裏手の丘陵からは経塚が発掘されています。中世では熊野の神は現世守護の神であると同時に、人々を極楽浄土に導いてくれる救済者と信じられていました（第８章「熊野」参照）。首尾よく浄土に往生できることを願って、膨大な数の人々が熊野を訪れました。経塚もまた来世浄土の信仰と深く関わる救済装置でした。

中世の慈恩寺も、同じ東北の立石寺や黒石寺と同様、本堂と奥の院という二つの聖なる焦点をもつ、この世とあの世をつなぐ役割を担った霊場でした。その仕掛け人は、おそらくは中央から下向した天台宗の関係者たちでした。寒河江荘の時代、この一帯には浄土往生を願う信仰が深く根を下ろしていたのです。

現世と来世をつなぐ「葉山」信仰

江戸時代に入って来世での救済を願う彼岸志向が薄れると、慈恩寺は現世利益の願いを叶えてくれるパワースポットとしての比重が高まります。慈恩寺本堂に残る江戸時代のたくさんの絵馬には、安穏な生活を求める当時の人々の多様な願望が反映されています。

この世での穏やかな暮らしの重視に加えて、江戸時代の世界観に生じたもう一つの変動が、死者がいつまでもこの世に留まるようになったことです。近世人は死後に見知らぬ浄土に旅立つよりも、なつかしい故郷で子孫たちと暮らすことを理想と考えるようになるのです。

現世に居残る死者の依代《よりしろ》の代表が墓でしたが、それ以外にも祖先が集まると考えられたスポットは各地に存在しました。その一つが、生前に暮らした故郷を見下ろす山だったのです。

東北には「ハヤマ」とよばれる山が数多く存在します。「葉山」「羽山」などと表記されるそれらの山は、いずれも里から直接見上げることのできる、比較的標高の低い山であるという共通点をもっています。容易に人を近づけない奥山に対し、その端にある前山という意味でハヤマとよばれているのです。

ハヤマの多くに、死者が籠る山という伝承があります。生と死に関わるさまざまな習俗を残しているところも珍しくありません。

福島県の松川町金沢では、真冬の三日間、「羽山ごもり」が行われます。参加者はそこでハヤマの神のお告げを聞き、村と身内の息災安穏を願います。ハヤマは生と死の境界をなす山であり、先祖や神の声を聞くことのできる場所と信じられているのです。

しばらくの間、モリの山やハヤマに留まって親族縁者と交流を続けた死者の霊魂は、清らかな地で子孫からの供養を受けることによって、しだいに聖なる存在へと上昇していきます。死霊から精霊に至るステップを、ゆっくりと登っていくのです。そして魂の浄化が完了すると、より神界に近い高みを目指し、奥山に向けて旅立つのです（第1巻 第17章参照）。

村山葉山の場合、最終的な目的地は霊峰月山《がっさん》でした。春に山形盆地から西を眺めると、葉山の肩越しに雪を戴いた月山の神々しい姿を望むことができます。祖霊が葉山から奥山に旅立つという、かつて人々が思い描いたイメージを追体験できます。そして、江戸時代に山に棲む先祖と麓の親族を結びつける役割を担ったのが、慈恩寺と村山市の大円院を拠点とする葉山（修験）信仰の修験者たちだったのです。

最後に近隣のお勧めの観光スポットを一つ。寒河江から車で二十分ほどの朝日町にある「りんご温泉」です。独特の匂いのある温泉に、生のりんごがぷかぷかと浮いています。朝日連峰を望む雄大な眺めと相まって、心が癒されること請け合いです。露天風呂もありますが、いつも開いているとは限らないので、休館日とあわせてホームページでご確認の上、お出かけください。近くにはワイナリー「朝日町ワイン城」もあります。

第2部

浄土への信仰はなぜ必要だったか

6
日本人の今日にも続く納骨信仰のルーツから見えるものは何か

八葉寺　福島県会津若松市

空也を祀る寺が会津にあるわけ

今回の目的地である八葉寺《はちようじ》（真言宗豊山派）のある冬木沢《ふゆきざわ》の集落は、福島県会津若松市の真北、ほぼ八キロに位置しています。会津盆地一面に広がる水田が東に向かって徐々に高度を上げ、磐梯・雄国《おぐに》山塊に向かって隆起する丘にぶつかる、ちょうどその境目にあたる場所です。

会津は古くより仏教文化の栄えた地でした。かつて盆地の西の丘陵にあったという高寺《たかでら》は、五三八年の仏教公伝以前に遡《さかのぼ》る創建伝承を伝えています。伝教大師最澄の論敵だった法相宗の徳一は、八葉寺から歩いても一時間ほどの距離にある恵日寺《えにちじ》（真言宗豊山派）に居を構えていました。本尊の薬師如来像をはじめ平安前期の仏像を十体以上も所蔵する勝常寺（真言宗豊山派）など、盆地内には古刹・名刹が散在し、参拝者や観光客を魅了しています。八葉寺はそうした観光ルートからは、完全に外れた寺です。けれども、わたしはこの境内と周囲の雰囲気が好きで、幾度も足を運んできました。

八葉寺の伝承によれば、創建は平安時代の著名な念仏聖、空也上人に遡るとされます。京都を中心として活躍していた空也上人はあるとき出羽・奥州への布教を思い立ち、北に向かって旅立ちます。巡錫の途次、冬木沢に辿り着いた空也上人はこの地に尋常ならざる霊気を感じ取り、寺を建てることを決意します。それが今日の八葉寺の濫觴《らんしょう》となるのです。空也上人は九七二（天禄三）年、この寺で極楽往生を遂げたと伝えられています。

これはあくまで寺に残る物語であって、歴史的事実そのものではありません。いま日本にある寺院の大多数は江戸時代以降の建立であり、由緒を遡らせるために創建の由来を付け加えることはしばしばみられる現象です。八葉寺もまた江戸時代に入って周辺の農地の開拓が進み、集落が形成されたことに伴って、住民の精神的なシンボルとして新たに建立されたと考えるのが普通でしょう。しかし、八葉寺にはそうした一般的な解釈では説明しきれない、さまざまな古い要素が伴っていることも事実なのです。

たとえば、寺の境内に「観応の碑」とよばれる板碑《いたび》があります。板碑は死者を供養するために建立された中世の石碑で、表面に梵字を刻んでいるところに特色があります。鎌倉時代から室町時代にかけて東国では膨大な数が作成されて、現在も万単位の遺物が各地に残されています。八葉寺のものは碑文から、一三五三（文和二）年に深海阿闍梨が父の供養のため建立したものであることがわかります。

また、八葉寺は本堂のある境内後方の一段高くなった場所に奥の院が設けられています。本堂―奥の院という二つの焦点をもつ伽藍配置は中世によくみられる形式でした（拙著『霊場の思想』吉川弘文館、二〇〇三年）。

さらに、周辺には古い由緒を窺わせる日吉神社や熊野神社があり、「空也原」「高野」といったいわくありげな地名も存在します。どの時代とまではにわかに断定できませんが、八葉寺は中世以前に遡る古い由緒をもつ寺院だったのです。

高野山詣りと念仏踊りの合体

普段人気の少ない冬木沢の集落は、毎年八月一日から七日までの一週間だけ、朝から時ならぬ賑わいをみせます。この期間、八葉寺では「会津高野山詣り」とよばれる祭礼が行われ、たくさんの人々がここを訪れるのです（写真①）。

　かつては祭礼の期間、最寄りの磐越西線の広田駅から八葉寺まで参詣者が列をなしたといわれます。このお祭りに合わせて臨時列車が運行されたこともありました。いまは参詣者の主要な足はマイカーとなり、かつてのような極端な賑わいはなくなりましたが、それでも祭礼の時期には集落の外に設けられた臨時の駐車場は車で埋まります。

① 毎年8月1日からの八葉寺の活況

② 福島県の無形民俗文化財「空也念仏踊り」

　境内に休憩所があり、かき氷や花を売る店が設けられます。五日には無形文化財の「空也念仏踊り」（写真②）が奉納され、一連の行事はピークを迎えます。
　冬木沢は八葉寺を核にして形成された村です。一本の道が集落の中央を貫いて続いており、その道を北に辿ると、八葉寺の山門が目に飛び込んできます。仁王像が守る小ぶりな門をくぐれば、境内の中央に建つのは本堂にあたる阿弥陀堂です。この御堂は寺に残る最古の建物で、室町風の様式を残す三間四方の小堂です。大きな茅葺の屋根を載せていますが、いかにも室町時代のものらしく、空に向かって伸び上がるような繊細で軽やかな印象を与えます。

二〇〇〇（平成十二）年、子供の花火遊びから火災に見舞われましたが、修復もすんで国の重要文化財に指定されています。

本堂の本尊は、一光三尊の様式をもつ善光寺式阿弥陀像です。現在は秘仏とされており、代わって江戸時代中期に造られたお前立ちの阿弥陀仏立像が御堂を守っています。本堂の背後にはそれに従うかのように空也堂と十王堂が建ち、高くなった後背地には奥の院があります。決して大きな寺ではありませんが、木立に埋もれた境内は温もりのある心地よい空間を生み出しています。

二〇〇三（平成十五）年八月、わたしは研究者仲間の末木文美士氏、故中村生雄氏らとともにこの寺を訪問し、八葉寺住職を兼帯されている金剛寺の山口修誉氏とご子息の史恭氏に親しく境内をご案内していただく機会がありました。二〇一六（平成二十八）年の夏には作家の柳美里氏、写真家の宍戸清孝氏らとこの地を訪れ、空也念仏踊りを拝観させていただきました。とても暑い日で、ここで食べた氷水の美味しさはいまでも忘れることができません。

阿弥陀堂に奉納された真新しい納骨塔婆

一万五千の納骨塔婆と納骨器

無住の寺となり、にぎわいを取り戻すのは八月の祭礼の時期だけとなってしまった八葉寺には、珍しい風習が残されています。初盆を迎える故人の歯骨や髪を収めた小さな木製の五輪塔を祭礼の期間に寺に納め、死者の供養を行うのです。「冬木沢詣り」などと呼ばれるこの納骨の習俗は、現在も続いています。

本堂（阿弥陀堂）内では、中央にお前立ちの阿弥陀如来立像が鎮座していますが、祭礼の時期にはその左右の背後にひな壇がしつらえられます。そこに、奉納された高さ十五センチほどの納骨五輪塔が並べられるのです。時の流れを感じさせる黒ずんだひな壇と、木の香りが匂い立つような白木の五輪塔が、鮮やかな対比をなしています（写真）。

八葉寺には、これまで寺に納められた納骨容器を所蔵するための独立した舎利殿（収蔵庫）が設けられています。ここには一万五千体ほどの納骨塔婆と納骨器が年代別に分類・整理され、木製の引き出しに収納されています。年代の確認できるもっとも古いものは、豊臣秀吉の時代である一五九五（文禄四）年まで遡るといわれています。

これらの納骨塔婆は、長年にわたって八葉寺に納められ続けてきたものでした。かつては阿弥陀堂内の柱や長押、壁板などの空いているスペースに直接釘で打ち付けられていました。一九二六（大正十五）年の本堂の解体修理の際に、奥の院に移されたと伝えられています。往時の状況を窺わせるかのように、収蔵庫に収められた塔婆には、本体を貫く釘がそのままになっているものがあります。

一九七一（昭和四十六）年、東北学院大学教授（当時）の岩崎敏夫氏を主任とする八葉寺五輪塔調査委員会が結成され、九カ月の調査期間を経てその全貌が明らかになりました。岩崎氏は調査時の様子を、次のように回顧されています。

暮れるに早い晩秋の奥の院で、天井といわず壁面といわずすき間もなく四角の太釘でうちつけられた五輪塔を一つ一つていねいにとりはずす仕事は容易なものではなかった。烏のなきさわぐ中でさらさらと白い歯や骨片の、粉のように肩にふりかかる中に居ると、この世のものとも思われない寂しい感じにおそわれた（岩崎敏夫監修『会津八葉寺木製五輪塔の研究』万葉堂、一九七三年）。

調査委員の尽力の結果、整理が終わった八葉寺の塔婆群は、一九八一（昭和五十六）年に国の重要有形民俗文化財に指定されました。それを機に、国の補助を受けて建立された収蔵庫に移され、今日に至るのです。

収蔵庫の内部には、木製の箪笥《たんす》状の収納ボックスが整然と並べられ、引き出しを開けると年代順に整理された納骨塔婆が現れる仕組みになっています。引き出しごとに、さまざまな形体、さまざまな材質の塔婆が収蔵されています。それにしても、驚くべき数の納骨器です。いまは写真でしか見ることができませんが、これらの塔婆によって覆い尽くされていたという堂内の雰囲気はどのようなものだったのでしょうか。

人々は何を思い、何を願って、故人の歯骨を納めた塔婆を抱いて冬木沢への遠い道のりを辿ったのでしょうか。テキストに記された体系的な教理を扱う既存の思想史や仏教史の方法では立ち入ることのできない精神世界が、この納骨信仰の背後にあることを、そのときわたしは強く印象づけられたのです。

会津の八葉寺と奈良の元興寺

八葉寺は現在にまで納骨の習俗を留める希有な寺院です。東北でも立石寺など、今日でも納骨が行われる寺はありますが、こうした習慣はほとんど姿を消してしまいました。けれども四国の弥谷寺（第16章参照）で見るように、時代を遡れば、霊地・霊場への納骨は決して珍しい現象ではありません。それが広く国民行事として行われていた時期もありました。中世こそはまさにそういう時代だったのです。

日本列島で霊場への遺骨納入の風習が最初に本格化するのは、十二世紀の高野山でのことでした。そのころから、弘法大師が生きたままその姿を廟所に留めているという「入定信仰」が広まり、大師の膝下に骨を納めることを希望する人々が増加していくのです。八葉寺が「会津の高野山」と呼ばれていたことが思い起こされます。鎌倉時代に成立する『一遍聖絵』や『天狗草紙』には、弘法大師の廟所がある奥の院への参道の両側に、納骨の卒塔婆がびっしりと林立している情景が描かれています。

『平家物語』巻三では、反平氏の陰謀に加担して鬼界ヶ島に流され、そこで亡くなった俊寛僧都の遺骨を有王が首にかけて高野山に登り、奥の院に納めて、自身は蓮華谷で法師になって主の後生を弔ったことが記されています。一一八一（治承四）年の南都（奈良）焼き打ちの張本人、平重衡《たいらのしげひら》の遺骨も最後は高野山に送られています。

納骨の習慣はやがて広く各地に及びました。西国では長谷寺や室生寺が早くから納骨の場となりました。納骨信仰は法隆寺、當麻寺、西大寺でも行われました。北日本では新潟県の粟島、松島の雄島、名取市の大門山などが、納骨の地として有名です。佐渡の小木町にある小比叡山《こびえさん》蓮華峯寺《れんげぶじ》には、中世に遡るとみられる骨堂が残されており、かつてはその内部の土間が灰をまいたように真っ白になっていたといわれています。

往時の納骨の痕跡を現代にとどめる西日本最大の納骨遺跡が奈良の元興寺です。八葉寺を東の横綱とすれば、元興寺はさしずめ西の横綱ともいうべき巨大な納骨センターでした。

猿沢池の南に広がるならまち商店街は、近年観光客に人気のスポットです。その周辺に位置するのが奈良時代以来の伝統をもつ元興寺極楽坊（重要文化財）です。この建物はもともと元興寺の僧坊として建立されたものでしたが、鎌倉時代に独立した寺院の形式に改築されて現在の姿となりました。

古い歴史をもつ元興寺極楽坊には、建造物や仏像などのほかにもう一つ有名なものがあります。数万点に及ぶ中世の庶民信仰の資料です。その一部は敷地内にある収蔵庫に展示・公開されています。多数の物忌み札や白木の位牌、写経者の血を朱や墨に混ぜて書いた「血書経」などがあります。こけら経や印仏《いんぶつ》、千体仏、板絵、過去帳なども残っています。これらは寺に所蔵されている資料群のほんの一部にすぎません。寄託者の思いがしみ込んだ膨大な資料の山を巡ると、それらがもつ生の迫力に圧倒される思いがします。

展示品の中でもっとも印象的なのは、全部で五千点近くあるといわれる納骨容器です。一番多いのは木製の五輪塔です。底面や背面に骨穴をあけて、水輪・地輪に骨を納めることができるようにしつらえてあります。釜や壷の形をした陶製の蔵骨器もたくさん残っています。竹筒や曲物《まげもの》を納骨容器に転用したものも見受けられます。納骨五輪塔にはクギ穴が残されているものが数多くあります。骨を入れたまま、八葉寺と同じように本堂内の長押や壁に打ち付けたのです。陶製の納骨壷も本堂内の一角に置かれていました（第1巻 第5章参照）。

いま本堂の中央には、奈良時代の僧智光が浄土の様子を描いたという曼荼羅を納める厨子が置かれています。堂内に足を踏み入れると、いかにも整然とした清浄界という印象を受けます。しかし、かつてこの本堂には、長押《なげし》という長押、壁という壁に納骨容器が打ち付けられ、床の上にも足の踏み場がないほど骨壷が置かれていました。納骨はこの堂の床下にまで及んでいたのです。

時代毎に更新される納骨習俗

中世まで遡ったとき、日本列島では死者供養の風習としてごく普通に納骨が行われていました。死者をよりよい世界＝浄土に送り届けるためでした。霊場への納骨は残された者にとって、死者に対する精一杯のはなむけの行為だったのです。

納骨の地は、当時この世とあの世の境目と認識されていた場所でした。高野山のように聖人が眠る場所であり、元興寺極楽坊のように聖なる曼荼羅が置かれているところでした。

それに加えて、実際に霊場を巡ると景色の美しい場所、独特の聖性を醸し出している場所が多いことに気付かされます。八葉寺がまさにそうした地でした。寺の伝承ではそれを空也上人が「霊気を感じた」と表現していますが、多くの霊場ではまさにそうとしかいいようのない雰囲気が漂っているのです。

これは仏教の公的な教説としては、あまり表に出ない思想です。救済の条件として土地の風景や霊性を重視するような発想は、正規の経典にはほとんど現れることはありません。日本列島の人々は遠い世界に旅立つ地を、この世のもっとも聖なる場所に求めたのです。やがて近世社会になり、死者が遠い世界に旅立たないようになると、死者はその美しい地に留まって隠居生活の延長のような日々を送りながら、身近な者たちとの折々の対面を心からの楽しみとするようになりました。いま行われている八葉寺の祭礼と納骨の習俗は、そのようにして形成される新しい生者と死者の関係にもとづいて、近世に入って構築し直された儀式だったのです。

7 この世のもっとも美しい場所が死後の浄土に連なる時代があった

當麻寺　奈良県葛城市

東の三輪山と西の二上山の間

大和は、周囲を山に囲まれた地です。『古事記』のなかで、ヤマトタケルノミコトはそうした大和の情景を「倭（やまと）は　国の真秀（まほ）ろば　たたなづく　青垣山籠れる　倭しうるはし」と詠みました。

かつて昭和の時代に法隆寺の大改修が行われたとき、伽藍に使われている主要な部材は樹齢二千年を超えるヒノキであることが明らかになりました（西岡常一・小原二郎『法隆寺を支えた木』ＮＨＫブックス、一九七八年）。現代の日本では、最高級の注文住宅でも材料は樹齢百年のヒノキです。千年単位の生育期間を経た木材を惜しげもなく使っている法隆寺が、どれほど特別な存在であるかをご理解いただけると思います。

いまでこそ雑木林と植林地になっていますが、火災に見舞われた現法隆寺が再建された千三百年前、奈良盆地とその周辺の山々はヒノキなどの原生林で覆われていました。ヤマトタケルが見たという「たたなづく青垣山」とは、天を突く巨木がそそり立つ、現在よりもはるかに濃厚な緑に縁取られた光景だったのです。

遥かに二上山を望む當麻寺仁王門

奈良盆地に居を占めた人々が聖なる存在として崇めた山が三輪山《みわやま》でした。三輪山を神体山とする信仰は現在まで続いています。三輪山が崇敬された理由として、整った円錐形の形状に加えて、太陽がその背後から昇ることが挙げられます。人々は、神としての日輪が出現する特別な地として三輪山を崇敬していたのです。

大和の東を限る聖地・三輪山から顔を出した太陽は、夕刻には西の稜線に近づきます。三輪山から太陽の通る天空の道を辿ったとき、盆地を挟んで三輪山に対峙する位置にあるのが二上山《にじょうざん》（かつては「ふたがみやま」とよばれた）です。三輪山が太陽の昇る地であったのに対し、陽の沈む地が二上山でした。春分・秋分の時期には、雄岳・雌岳とよばれる双耳峰が並び立つ二上山の、その二つの峰の間に太陽は没しました。今回ご案内する當麻寺《たいまでら》（真言宗・浄土宗）は、その二上山の麓に位置しています。

わたしは當麻寺のある當麻《たぎま》の里が好きで、これまでたびたび足を運んできました。最後に當麻寺を訪れたのは二〇二一年の十二月のことになります。近鉄南大阪線の當麻寺駅で電車を降りたわたしは、よもぎ餅にこし餡を載せた名物「中将餅」で知られる中将堂本舗の前で道を折れて、落ち着いた佇まいの町屋が続く参道をいつものように寺に向かって歩を進めました。

一本道の参道を西に向かって歩き続けると、家々のあいだに二上山が見え隠れしながら、しだいにその存在感を高めていきます。やがてそのシルエットを背景として、遠くに寺の山門が姿を現します。當麻寺の仁王門（前頁の写真）です。

當麻寺伽藍配置に見えるもの

わたしは仁王門を抜けて、寺の境内へと足を踏み入れました。當麻寺は歴史の寺です。思いのほかに広い境内には、奈良時代から鎌倉時代にかけて建立された創建年代を異にするいくつもの伽藍が散在しています。

現在、當麻寺の中心となる建物は、仁王門から真っ直ぐ進んで突き当たった先にある本堂です。この建物は、奈良時代に中将姫という伝説上の人物が一晩で織り上げたという巨人な曼荼羅（當麻曼荼羅）を安置していることから、曼荼羅堂ともよばれています。當麻曼荼羅は中将姫が往生することを切望した阿弥陀仏の浄土の様子を描いたもので、浄土信仰が流行する鎌倉時代以降、多くの参詣者を集めました。

當麻寺の本堂（正面）・金堂（左）・講堂（右）

中将姫の命日である四月十四日、當麻寺では練供養会が行われます。この日、曼荼羅堂から東の方向にある娑婆堂まで百メートルにわたって橋が架けられ、その上を二十五菩薩に扮した人々が往復するのです。これは極楽浄土の聖衆が来迎して娑婆の人々を西方浄土に迎え取る様子を示すものであり、中将姫が往生する情景を再現したものともいわれています。

當麻寺ではこのように、伽藍配置は仁王門から本堂に至る東―西の軸線に沿って展開しています。しかし、これは西にあるという極楽浄土を意識するようになる鎌倉時代以降に確立した形式でした。當麻寺の本来の基準線は東西ではなく、南北を軸とするものだったのです。

當麻寺の建立をめぐる事情は定かではありません。

伝承によれば、淵源は聖徳太子の時代に遡るとされますが、寺の存在が確認できるのはもう少し後、七世紀の後半（白鳳時代）になってからのことです。

創建当時の建物は残っていないものの、金堂（重要文化財）に鎮座する本尊の弥勒仏坐像（塑造）は当初の當麻寺の本尊であったと考えられています。本尊を守護する四天王像も白鳳期に遡る秀麗な古仏です。

創建当時の中心伽藍だった金堂ですが、現在の建物は平安時代末の再建です（前頁の写真）。當麻寺にはより古い建物があります。金堂の南に位置する東西二つの三重塔です。東塔の建立は奈良時代に、西塔も平安時代の初めに遡ります。この二つの塔の間を抜けた正面に金堂があり、その背後に講堂が位置する形式が、本来の當麻寺の伽藍配置だったのです。

塔二基が伽藍の前面に並び、その後ろに金堂と講堂が連なるという形式は、白鳳時代の薬師寺に始まって奈良時代の大安寺・東大寺へと続くものであり、古代を代表する伽藍配置でした。當麻寺も当初はこの形を踏襲して造られたのであり、南側から両塔の間を通って境内に入るという動線が採用されていたのです。

山は神だけが棲む聖地だった

當麻寺が寄り添う二上山は落日の山でした。太陽がその稜線に沈むため、この世とあの世を区切る境界の地と認識されることになったのです。山の周囲に多く墓が作られた背景には、そうした事情もあったと推定されます。

聖徳太子と並んでよく知られたものに、聖徳太子の磯長《しなが》の陵墓も二上山の河内側にありました。現在宮内庁によって大津皇子《おおつのみこ》のものと認定されている墳墓は、二上山の最高峰である雄岳から大和側に少し降《くだ》った場所に存在します。

大津皇子は天武天皇の皇子として六六三（天智二）年に誕生しました。容姿端麗で、人格的にもすぐれた人物であったと伝えられています。六八六（朱鳥元）年、天武天皇が死を迎えると、皇太子の草壁皇子《くさかべのみこ》に対して叛逆を画策しているという理由で捕縛され、すぐさま処刑されました。草壁皇子は、大津皇子にとって異母兄にあたります。大津皇子の台頭を不安に感じた草壁の母・鸕野讚良皇女《うののさららのひめみこ》（後の持統天皇）が、それを阻止するために打った手であるとする見方が有力です。天皇の後継者争いに巻き込まれての敗死だったのです。

大津皇子が刑場に引き立てられるとき、妻である山辺皇女《やまのべのひめみこ》は髪を振り乱して裸足で後を追い、殉死しました。それを見たものはみな嘆き悲しんだと『日本書紀』には書かれています。

伊勢の斎宮を務めた大伯皇女《おおくのひめみこ》は大津皇子の実の姉でした。大津皇子の遺骸を二上山に運んだときに、彼女が詠んだという歌が『万葉集』に収録されています。

うつそみの人なる我や明日よりは二上山を弟背（いろせ）と我が見む

あなたとわたしは、いまやこの世とあの世とに引き裂かれてしまった。黄泉の世界の存在となったあなたの面影を、せめてその墓のある二上山に見出すことにしよう――。こうした歌からも、大津皇子が多くの人に愛される人物であったことが偲ばれます。

実はこの時期、死者が山上に葬られることは決して普通のケースではありませんでした。古代では、通常死者は麓や谷間に埋葬されました。山頂に墓を設けるのは、多武峯《とうのみね》の藤原鎌足のように、特別なパワーをもった人物に限られていたのです。

その背景には、山は神だけが棲むことのできる特別の地であるという認識がありました。現在の大津皇子の墓所が実際に彼のものであったか否かは議論の分かれるところですが、もし本物の墓であるとすれば、彼を殺害した者たちはその祟りを恐れて、あえて聖なる神に祀り上げようとしたという推測も成り立つのです。

折口信夫は、二上山に葬られた大津皇子を主人公にして、その目覚めと中将姫のモデルとなった藤原豊成の娘との交流を描いた『死者の書』という小説を発表しています（岩波文庫）。松岡正剛はこの作品を評して、彼にとっての「珠玉の一冊」であると同時に、「日本の近代文学史上の最高成果に値する位置に輝いている」と高い評価を与えています（「千夜千冊」百四十三夜）。わたしの好きな漫画家の近藤ようこは、近年この小説を翻案して、味わい深い作品に仕上げて発表しています（カドカワ　ビームコミックス）。ご興味があれば、繙《ひもと》かれることをお勧めします。

中将姫と當麻曼荼羅をめぐる話

古代にはこの世と黄泉の国を隔てる境界と認識されていた二上山は、平安時代の後期になって浄土信仰が盛んになると、西方浄土の入り口とみなされるようになります。人々は二上山の肩越しに沈む夕日に、遠い浄土への思いを寄せるようになるのです。

浄土信仰の興隆とともにクローズアップされてくるのが、件の中将姫と當麻曼荼羅にまつわる伝説です。中将姫は藤原四家の一つ、南家を継承する横佩大臣《よこはぎのおとど》・藤原豊成の娘がモデルといわれています。中将姫にまつわる逸話はさまざまあり内容も複雑ですが、ここでは鎌倉時代の説話集『古今著聞集』に収録された説話を取り上げて、その粗筋をご紹介したいと思います。

——横佩大臣には鍾愛する娘がいたが、世間的な栄華を軽視し、ひとえに阿弥陀の浄土への往生を願っていた。出家して當麻寺に籠り、「生身《しょうじん》の弥陀」を見ないうちは寺を出ないと誓って七日間祈念し続けたところ、突然一人の尼が現れ、蓮華の茎百駄を集めるように告げた。尼は集まった蓮華から糸を取り出し、おりしも湧き出した清らかな井戸水を用いてそれを五色に染め上げた。

糸の用意が整ったところで、もう一人の女性が化現し、道場に籠って一晩のうちに織り上げたものがかの當麻曼荼羅である。尼は自身が極楽浄土の教主阿弥陀如来、曼荼羅の織り手は脇侍の観音菩薩であると語り、西方に向かって飛び去った。大臣の娘は「宿望」が叶ったことを喜び、二十数年後に聖衆の来迎を預かって極楽往生の念願を叶えることができた――。

中将姫みずから曼荼羅を織り上げたとする伝承もありますが、『古今著聞集』では、織り手は観音菩薩の化身とされています。

ここで若干の補足が必要なのが「生身の弥陀」という言葉です。「生身」とはわたしたちの感覚からすると、人間のような血肉を備えた身というイメージです。しかし、中世ではもう少し特別な意味があり、「生身」とは、私たちの認知できない遠い浄土の仏菩薩が、目に見える形をとってこの世に現れることを意味していました。それを目の当たりにすることが、救済の確定と信じられていたのです。

極楽の教主である尼との対面は、まさに娘が希《ねが》っていた生身との出会いにほかなりません。彼女が「宿望」が叶ったと喜んだ背景には、こうした当時の救済観念があったのです。

當麻寺から歩いてすぐの場所にある石光寺（浄土宗）には、中将姫が蓮糸を染めたという「染の井」や、糸をかけて乾かしたという「糸掛桜」があります。この寺は寒牡丹の名所としても知られています。當麻寺を訪問した際に足を伸ばしてみてはいかがでしょうか。

京都・禅林寺「山越阿弥陀図」〈国宝〉
（太陽仏像仏画シリーズ『京都』平凡社）

「山越えの弥陀」が描かれたわけ

「當麻寺」「二上山」「浄土信仰」というキーワードを並べてきたときに、どうしても触れておかなければならないものが、阿弥陀仏がこの世に出現した様子を描いた来迎図です。中世の日本では、来迎図のなかでも「山越えの弥陀」とよばれるジャンルの図像が数多く製作されました（前頁の写真）。

これは山の稜線から阿弥陀仏が上半身を現した様子を表現したものです。浄土信仰が隆盛を極める時代背景のなかで、仏が人々の願いに応えて顕現する姿が描かれていったのです。

山越えの弥陀の図像に登場する山には、色づいた木立や花の咲いた木々が描かれています。来迎図は中国や朝鮮半島でも制作されますが、そこでは弥陀と脇侍が大きく描かれるだけで、背景となるリアルな自然描写はほとんど見られません。里山の麗しい自然と人工的な金色の弥陀という異色な取り合わせが、山越えの弥陀の特色をなしているのです。

改めて二上山とそこに沈む夕日の情景を思い起こしてください。仏教には、夕日に寄せて西方浄土を偲ぶ「日想観」という修行の方法がありました。山越えの弥陀についても、稜線に隠れようとする夕日を、来迎する弥陀に見立てたものであるという説があるのです。

その提唱者の一人が折口信夫でした。彼は『死者の書』でも、二上山の落日と再生した大津皇子と来迎する弥陀を、中将姫伝説を媒介として有機的に一つに結びつける、独自の世界観を提示するのです。

二上山が実際に山越えの弥陀出現の舞台であったかどうかは、いまとなっては知る術もありませんませんません。山の彼方から出現する弥陀を西に沈む夕日ではなく、東から昇る月をイメージしたものとする説も提示されています。ただ、わたしの個人的な感覚からすると、二上山の落日に弥陀の来迎を結びつける発想は、十分ありうるように思われるのです。

これまでもみてきたように、日本列島に住む人々は遠い浄土への憧れを強める時代になっても、彼岸との接点をこの世のもっとも美しい場所に求めました。わたしたちを包み込む日常の風景が、そのまま浄土に続いていると考えていたのです。この世は穢土であることが強調され、万物の無常が説かれる中世という時代において、他方でこうした発想が維持されていたことは注目に値します。

これが近世社会となると、浄土そのもののなかに現世の日常的な風景が取り込まれていくようになります。異界の世俗化は近代に向けて加速し、やがては黒鳥観音のムカサリ絵馬（第17章）のように、浄土から仏の姿そのものが消えてしまうのです。

8

蟻の行列とさえいわれた熊野詣でに現代が学ぶべき済度とは何か

熊野　和歌山県

黄泉の国につながるのはなぜか

いまパワースポットとして注目を集める熊野（和歌山県）は、神の国です。同時に、死者たちの世界でもありました。

紀伊半島を伊勢から熊野灘に沿って南下すると、イザナミノミコトを祀る花の窟《いわや》神社が現れます。熊野の入り口に位置するこの神社の御神体は、海に向かってそそり立つ巨大な岩壁です。

日本神話の国産みの場面で、最後にカグツチを産んで亡くなったイザナミは熊野の有馬の地に葬られたと『日本書紀』には記されています。この磐座《いわくら》がイザナミの葬地であり、黄泉の国につながるスポットであると、いまなお多くの人に信じられているのです。

紀伊半島の南部を占める熊野が神や死者の棲む異界とみなされた背景には、大地に深く刻み込まれた波立つ山襞と、果てしなく続く深い森がありました。京都から奈良盆地を南に下ると、吉野と高野山という二つの聖地に行き当たります。都人にはここが最果ての地というイメージがありますが、その先には人が容易に踏み込むことのできない広大な山岳地帯が広がっています。熊野はさらにその奥に位置する、異界の地そのものと認識されていたのです。

霊域熊野の中心である熊野本宮への参道

霊域熊野の中心をなすのは、熊野本宮大社（本宮）、熊野速玉大社（新宮）、熊野那智大社からなる熊野三山です（写真）。これらの神社へと続く参詣の道「熊野古道」は世界遺産の認定を受け、整備が進んでいます。

二〇一九年の夏、わたしは取材のために伊勢から車で熊野に入り、一泊して熊野三社を回って奈良へ抜けるという慌ただしい日程をこなしました。そのときに、本宮から湯の峰温泉まで古道を歩くという体験をしました。大日越《だいにちごえ》とよばれる二キロほどのこのコースは、熊野古道のなかでもとびっきりの初心者向けのものです。そのため、登山を趣味にし、なんども古道を巡っているわたしには、ちょっと物足りないかな、という予感がありました。しかし、実際に歩いてみると、思った以上の充実感を得ることができました。

　本宮を参拝して古道に足を踏み入れると、すぐに集落が切れて森の中の上りの坂道になります。まだ若いヒノキや杉の植林のなかを縫って、急勾配の石敷きの道が折れ曲がって続きます。途中で振り返ると、もと本宮のあった熊野川と音無川の中洲の地、大斎原《おおゆのはら》とそこに立てられた大鳥居を望むことができました。

熊野参詣の汗を流す湯の峰温泉

　峠にある鼻欠《はなかけ》地蔵を過ぎると道は下り勾配となり、まもなく湯峯王子を経て、湯の峰温泉の街並みに到着します。日本最古と謳われるこの温泉の公衆浴場に浸かり、源泉を用いた湯筒で茹でた卵を食べて、束の間の熊野散策を楽しむことができました（写真）。

難行苦行で何が得られたのか

熊野古道は熊野三社に参詣するための道でした。吉野から熊野に続く大峯奥駈道の開拓者が役行者《えんのぎょうじゃ》とされているように、古代の熊野の山々は特殊な訓練を受けた行者たちの世界でした。その熊野が「蟻の熊野参り」と形容される多数の参詣者を集めるようになるのは、院政期に入ってからのことでした。

熊野ブームに火を付けたのは、院（上皇・法皇）による熊野御幸でした。白河上皇は一〇九〇（寛治四）年に、熊野詣でを行います。このあとも白河上皇の熊野御幸は繰り返され、その数は都合九回にも及びます。

しかし、この程度で驚いてはいけません。鳥羽上皇は二十一回、後白河上皇は三十四回、後鳥羽上皇は二十八回と、上皇たちの熊野詣では驚異的なペースで継続されていくのです。一回の旅に費やす時間がほぼ一カ月に及ぶことを考えると、この回数の重みは想像以上のものがあります。

熊野に参詣するためのコースには、伊勢から紀伊半島の東岸を南下する伊勢路と、西海岸を回る紀伊路があります。紀伊路は田辺から、そのまま海沿いに南下する大辺路《おおへち》と、真っ直ぐに本宮方向に分け入る中辺路《なかへち》に分かれますが、上皇たちがとったルートは中辺路の方でした。

京都から船を用いて淀川を下った上皇と従者たちは、全部で九十九あるという「王子」という名のついたチェックポイントごとに熊野神社への遥拝を繰り返しながら、海岸線沿いに南下します。田辺で陸に上がり、禊《みそぎ》をすませて出立王子の参拝を終えると、山に分け入る陸路の旅に変わります。

富田川に沿って歩を進めた一行は、やがて滝尻王子に到着します。滝尻王子は、熊野九十九王子社のうちの主要な五体の一つで、ここから先が熊野の霊域となります。参詣の道は坂に変わって勾配を増し、細い道が左右に折れながら、天に続くように伸び上がっています。滝尻王子から本宮までの約四十キロの区間が、行程中の最大の難関です。

この道のりの苦しさは、院政期に著された参詣記に繰り返し記述されています。後鳥羽院に同行した歌人の藤原定家は、その有り様を「心中は夢の如し」（『後鳥羽院熊野御幸記』）と述べています。

思わず、飛んで行けたらどんなに楽だろう――「空より参らむ　はねたべ若王子《にゃくおうじ》」（『梁塵秘抄』）と口走ってしまうほどの難行苦行だったのです。

遠く辛い道のりも、やがて視界の開けた尾根道へと変わり、伏拝王子《ふしおがみおうじ》にたどり着きます。ここからは本宮を遠望することができます。道中が苦しかっただけに、目的地である本宮を目にする感激はひとしおだったに違いありません。だれもが、「感涙禁じ難し」（藤原定家）という思いにとらわれることになったのです。

現在、滝尻王子から本宮大社までの中辺路はよく整備されていて、全体を歩き通すことができるようになっていますが、体力に応じてコースの一部を選択して歩くことも可能です。熊野の森は多様な生物からなる豊穣な生態系が保たれています。独創的な思想家として近年注目を集めている南方熊楠《みなかたくまぐす》も、この地をフィールドとして粘菌の研究を行っていました。

遠い過去にここを歩いた人々の心中に思いを致し、神の気を感じながら、森の苔むした石畳の道を歩く体験をなさってみてはいかがでしょうか。

浄土信仰の拠点となりえたわけ

熊野参詣の風習は、やがて庶民層にも受容され、一大参詣ブームを巻き起こします。熊野三山に向かう道からは人の姿が絶えることなく、そのありさまはまさに蟻の行列を想起させるものでした。

室町時代に寺社の門前などで参詣者に語られた説教節の「しんとく丸」や「小栗判官」では、重い病にかかった主人公が熊野権現の利益と湯治の効能を頼って熊野に向かう様子が描かれています。湯の峰温泉は「癩病《らい》」（ハンセン病）などの難病に効果があると信じられていて、健常者以外にもたくさんの病人が彼の地に向かいました。なかには「小栗判官」の小栗のように、自力での歩行が叶わない障害者が、人々の好意によってリレー形式で車の引き綱を引いてもらいながら、熊野を目指すケースもあったのです。

それにしても、なぜ、これだけ多くの人々が熊野参詣の難行に挑戦したのでしょうか。その背景には病気平癒という現世利益の願いもあったことでしょう。しかし、中世という時代についてみれば、人々の究極の願望は、死後の救いにありました。

この世に生きる限り、人間が健康な生活と長寿を求めることは当然のことです。けれども、そう願っても必ずしも思い通りいかないのが実際の人生です。まして、現代よりもはるかに生産力が低く医療も十分でない中世まで遡ったとき、人の命はまさに不定でした。生まれ落ちた瞬間から、明日をもしれない人生を、人々は送ることを強いられていたのです。

生が無常であるからこそ、人は常住なるものを追い求めました。中世人にとって、それはどこか遠い彼方に実在すると信じられていた仏の世界＝浄土にほかなりませんでした。たとえこの世での生をはかなく終えることになっても、死後に仏の力によって苦しみのない世界に生まれ変わることが、人々の共通の願いとなったのです。

こうした世界観を背景として、院政期ごろから日本列島の各地に、この世とあの世を結ぶと信じられた霊地が数多く誕生するようになりました。四国の弥谷寺《いやだにじ》（第16章参照）はまさにそうしたスポットでした。そこは浄土にもっとも近い場所であり、その地に参詣して祈りを捧げることによって、彼岸への扉が開くと信じられていたのです。

熊野もまた浄土への通路にほかなりませんでした。京都の檀王法林寺には鎌倉時代に制作された『熊野権現影向図』が所蔵されています。この絵には、熊野に参詣する四人の男女の前に阿弥陀如来が出現する様子が描かれています。この仏は本宮に祀られる熊野権現の本地仏でした。化現を意味する「権現」という言葉が示すように、熊野の神は、浄土の仏が人々を救いとるために、現世に仮の姿を現したものと信じられていたのです。

熊野が浄土信仰の拠点となった背景には、もう一つの理由がありました。それは熊野が豊かな自然に恵まれた古来の聖地だったことです。中世にはたくさんの阿弥陀聖衆来迎図が作られましたが、人々を救いとるべくこの世に顕現する仏は、いずれも美しい山を背景にしていました。

浄土信仰の基本的な立場からすればこの世は「厭離」しなければならない「穢土」でした。現世への執着を断ち切るためにも、この世が汚れた無常の世界であることを強く自覚する必要がありました。しかし、その浄土信仰が日本に持ち込まれると、いつのまにか彼岸への旅立ちの地として、この世でひときわ美しく、清浄な場所が選びとられることになりました。熊野はまさしくこの条件を満たす地だったのです。

この世に描かれた浄土ゆえに

かつて熊野では、他界との接点としてのその位置づけを端的に示す行事が行われていました。行者による補陀落渡海《ふだらくとかい》（第1巻 第15章参照）です。

中世から近世への転換期に制作された『那智参詣曼荼羅』とよばれる一群の絵画があります。参詣曼荼羅とは行者や比丘尼（女性の行者）が持ち歩いて各地で「絵解き」を行い、人々に寺社への参詣を勧めることを目的として作られたものです。『那智参詣曼荼羅』には那智の瀧を含む那智大社と補陀落山寺の全景が描かれ、その間を巡る参詣者の姿が書き込まれていま

『那智参詣曼荼羅』の代表作（『起請文と那智参詣曼荼羅』朝倉書店、2017年）

す（前頁の写真）。

この図の下方、大鳥居の側に白い帆をあげた一艘の小舟が描かれているのがお分かりでしょうか。これが渡海船です。鳥居の下にいる三人の僧が、これから渡海を実行するメンバーです。南の海の彼方に実在すると信じられていた補陀落浄土への到達を目指して、本州最南端の地である那智の浜から海に乗り出す人々が跡を絶たなかったのです。

鎌倉幕府が編纂した歴史書である『吾妻鏡《あづまかがみ》』には、補陀落渡海を試みた智定房という僧侶の話が記載されています。彼は在俗の折には、下河辺六郎行秀という名をもつ勇猛な武士でした。那須野での巻狩のとき、頼朝の面前で鹿を射損じるという失態を演じたことを恥じて、その場で髻《もとどり》を切って逐電しましたが、一二三三（貞永二）年三月七日に那智浦から南に向かって船を出しました。

智定房が小舟の屋形に入った後、扉は釘でもって外から打ち付けられました。持ち込まれたものは三十日分の食料と灯油だけです。海に押し出された船は、やがて北風に押されて波の彼方に姿を消しました。那智勝浦町の補陀洛山寺には、長さが六メートルほどの渡海船の復元模型が展示されています。

現代人からみれば、多くの人をまさに自殺としかみえないこうした行為に駆り立てた背景には、当時の社会に共有されていた死後の救済に対する強烈な願望と他界浄土の実在のリアリティがありました。那智の牟須美神《むすびのかみ》の本地が千手観音とされていたこともあって、那智はそれ自体が聖なる地であると同時に、観音の浄土である南方補陀落浄土の入り口と考えられていたのです。

中世に生きた人々にとって人生の最終的な目標は浄土への往生でしたが、それは容易に成就できるものではありませんでした。西方はるか彼方にある極楽浄土よりは、この世のなかにあって船でも到達できる補陀落浄土の方が、とりあえず赴く場所として魅力的にみえたのです。他界への回路と信じられていた熊野は、垂直方向に極楽浄土へ飛び立つ地であっただけではなく、水平線の彼方にあるという補陀落浄土に向けての出発の地でもあったのです。

死後の救済が遠のくいまの世に

これまで何度か触れたように、戦国時代から江戸時代にかけて、列島に住む人々の世界観は大きな転換を迎えます。わたしたちが認識できない不可視の浄土のリアリティを、維持できない時代が到来するのです。

渡海船が船出した那智の海岸の沖に、金光坊島《こんこぶじま》という小さな島があります。金光坊《こんこうぼう》は十六世紀に実在した人物で、人々の尊敬の眼差しのなか、この浜から渡海に出立しました。しかし、恐怖に耐えきれず脱出してこの島に上陸したことが、名称の由来とされています。

金光坊は結局役人によって、無理矢理海に投げ込まれたといわれますが、この事件が契機となって、生きた人物による補陀落渡海は禁止されます。代わって、亡くなった補陀洛山寺の住職の遺体が、船に乗せられて流されるようになるのです。

江戸時代は戦乱の世が治まり、民衆の土地への定着が進む時代でした。太平の世の到来に伴って、人々の主要な関心は死後のことから、生きているうちにこの世での生活をいかに満喫するかという問題へと移っていきました。現世での生を早めに切り上げても死後の救済を願うという行為が、しだいに実感をもって捉えられない時代が到来するのです。

水葬としての補陀落渡海の時代の到来は、近代に向けてのそうした時代思潮の転換を端的に物語るものだったのです。

9

日本の神々が人々を浄仏国土へと引導した時代から何が見えるか

骨寺　岩手県一関市

なぜ「骨寺」という名称なのか

岩手県最南に位置する一関インターチェンジで東北自動車道を降りると、接続先の一般道は高速道路と直交する国道三四二号線です。この道を東に向かえば一関市の中心街ですが、逆方向に奥羽山脈に分け入ると、しだいに人家はまばらとなり、車窓に映るものは一面農村の風景となります。

今回訪れる一関市の本寺地区は、一関インターからそうした光景のなかを二十キロほど西に進んだ場所に位置しています。栗駒山を水源とする磐井川が作り出した河岸段丘《かがんだんきゅう》上に家々が散在する、典型的な東北の村落です。いまは「本寺」という字が当てられていますが、もともとは「骨寺《ほねでら》」と表記されていたところです。

それにしても、なぜ骨寺なのでしょうか。この奇妙な名称の由来はどこにあるのでしょうか。実はかつてこの地区に、骨寺とよばれた寺が実在していたのです。

その時期は十二世紀に遡ります。おりしも、平泉を本拠地とする藤原氏が全盛を極めていたときでした。平泉は本寺のある一関の北隣の町で、骨寺村は平泉文化の中心をなす中尊寺（天台宗）が支配する荘園だったのです。

そうした縁もあって、現在、中尊寺には、骨寺の景観を描いた十三世紀から十四世紀にかけての二枚の絵図が伝来しています。これらは東北に残存する数少ない中世の荘園絵図の実例として、一九九五（平成七）年に国の重要文化財に指定されています。その「骨寺村荘園絵図」（後述）に、この地区の名称の元となった「骨寺」の名がみえるのです。

本寺が注目される理由はほかにもあります。中世に荘園が置かれていた場所は日本各地にありますが、かつての面影を留めるところはそう多くはありません。江戸時代以降に行われた土地改良によって、田畑の線引きが大きく変更されたからです。特に、戦後に推進された農作業の効率化を目的とする圃場整備は、日本の田園風景を一変させました。

イグネとよばれる屋敷林に囲まれた農家が点在する本寺は、こうした土地改良の荒波から守られてきた数少ない場所の一つです。田圃に水を引く、曲がりくねった水路も昔のままです。現在の本寺地区は、七百年前に描かれた絵図の光景を、ほぼそのままに伝えているのです。そのことが評価されて、国の重要文化的景観「一関本寺の農村景観」に選定されています。

「骨寺村荘園絵図」を読み解く

本寺に残されているのは、中世以来受け継がれてきた水利のシステムと景観だけではありません。「骨寺村荘園絵図」には神社や岩屋などのランドマークが描き込まれていますが、その多くは、いまでも所在地を確認できます。

たとえば、「慈恵塚」です。北東の方角から本寺地区を見下ろす丘の頂上に、絵図にも記された慈恵塚とよばれるスポットがあります。丸い石積みの塚状遺構が残っており、ここに十世紀の天台宗の高僧、慈恵大師《じえだいし》良源の骨を埋めたといわれています。

鎌倉時代の説話集『撰集抄《せんじゅしょう》』には、平泉郡に住む娘が家の天井裏のドクロから『法華経』を教わった後、その骨を逆柴山《さかしばやま》に葬ったという話が収められています。本寺地区では、そのドクロが慈恵大師で、埋葬した場所が慈恵塚であるという伝説が語り伝えられています。

慈恵塚は、平泉に続く昔の街道（馬坂新道）が村に入る境界に作られており、近くの高台か

慈恵塚から見る骨寺村全景と遠望の栗駒山

らは村の全景を一望することができます（写真）。水田のなかに、屋敷林に囲まれた家々が点在しています。遥か彼方には栗駒山が聳え、麓から湧き出した幾重もの山襞が波打ちながら村まで続いています。丘の下には、慈恵大師を祀った拝殿が鎮座しています。

絵図の中央部分に描かれている「六所宮《ろくしょぐう》」は、駒形根《こまがたね》神社としてその姿を留めています。六所とは、栗駒山に祀られた六柱の神々とその本地仏を指す言葉であり、栗駒を聖なる山と崇める思想にもとづく祭祀施設でした。中世に遡る遺跡はありませんが、いま境内には立派な社殿と江戸時代の石碑が残されています。

絵図のなかでももっとも目立つのが、急角度で聳え立つ「山王山」と、その中腹にある「山王窟《さんのういわや》」です。慈恵大師が、比叡山の守護神である山王の神を勧請したと伝えられている場所です。絵図上では本寺地区を見下ろすような位置に描かれていますが、実際の所在地は、本寺から国道を二キロほど西に進んだ矢櫃《やびつ》ダムのほとりです。山腹の険しい岩壁に穿たれたいくつもの岩穴に、昔作られた建築物の跡が残されています。

山王窟一帯は、危険であるという理由で現在は立ち入り禁止になっています。国道沿いにある矢櫃ダムの駐車場から、磐井川越しに、切り立った断崖と岩窟を遠望することができます。

さて問題の「骨寺」ですが、絵図上には十二個の礎石だけが描かれています。絵図が作られた鎌倉時代には、すでに廃寺になっていたのです。この寺の跡をみつけるべく、これまで調査が繰り返されてきましたが、いまだ発見に至っていません。

本寺地区にはこうした由緒ある史跡が点在しており、歩いて回ることが可能です。散策の拠点となるのが、地区の中央に位置する骨寺村荘園交流館・若神子亭《わかみこてい》です。ここには案内所が置かれており、骨寺村の歴史を紹介する展示もあります。地元の農産物が販売され、食堂では地産地消の郷土料理が提供されています。

本寺地区から国道をどこまでも西に進めば栗駒山です。この道沿いには、観光名所の厳美渓や温泉、市立博物館もあります。季節のよい時期に訪れて、懐かしさを感じさせる農村風景を堪能されてはいかがでしょうか。

なお、本寺地区は実際に人が生活している場所です。遺跡は私有地に属するものがあり、急斜面や熊の出没など危険な箇所も少なくありません。現地を歩く場合には、あらかじめガイドをお願いするなど十分な準備と注意が必要です。若神子亭には見学用のパンフレットが用意されており、最初にここで情報をえておくことをお勧めします。

骨寺は「浄土信仰」という仮説

観光地としても魅力的な本寺ですが、一つの課題を抱えています。平泉周辺には藤原氏関連の遺跡が数多く残っていますが、そのうちの五件が、二〇一一（平成二十三）年に「平泉―仏国土（浄土）を表す建築・庭園及び考古学的遺跡群」の名称で、ユネスコの世界遺産に登録されました。その際、平泉と深い関わりを持つ骨寺村荘園遺跡もその資産リストに記載されるはずでした。しかし、ユネスコでの審査の段階でそこから除外されてしまうのです。

その理由は単純でした。骨寺のどこが「仏国土（浄土）」と関係するのか、というクレームがついたのです。本寺地区には、すでに述べたように史跡は数多くありますが、確かに浄土信仰と関係づけることのできるものは皆無です。

その後、岩手県では、登録から外された柳之御所遺跡（藤原氏の居館）など五カ所の追加登録を目指し、骨寺村荘園遺跡もその一つに加えられています。ただ、問題はやはり「浄土」でした。いかにして骨寺村を浄土信仰と結びつけるか――この課題に応えるべく、多くの人が頭を痛めることになったのです。

わたしも縁あって、追加登録検討メンバーに加えていただきました。いろいろ調べたり議論を重ねたりした結果、骨寺村荘園と浄土信仰との関わりについて、個人的に強い確信をもつに至りました。

これからわたしが導き出した仮説を紹介しますので、ユネスコの専門委員を納得させるだけの説得力があるかどうか、ぜひ皆様に判断していただきたいと思います。

この課題をクリアする上で、わたしが重要と考えたのは、「骨寺」の名が記載された「骨寺村荘園絵図」でした。二枚の絵図は詳細絵図（在家絵図）と簡略絵図（仏神絵図）とよばれていますが、保存状態のよい詳細絵図（次頁の写真）の方を用いて説明させていただきます。

絵図の最上部左手にあるのは栗駒山です。もっとも目を引く部分は、絵図の中央に描かれた急峻な岩山・山王山と山王窟です。この山が骨寺の村落を見下ろすような位置に描かれているのです。

山王山は先に述べた通り、本寺の中心部から二キロ以上隔たった矢櫃ダムのそばに位置しています。本寺地区から直接この山を望むことはできません。わたしたちがこの絵図を見ていく際に、まず考えなければならないのは、なぜ当時の村人たちが、骨寺村の絵図に遥か遠方の栗駒山を書き込み、村はずれの山王山を一番目立つ場所に置いたのか、という問題なのです。

これを考えるにあたって、そもそも浄土信仰とはいったいなにか、という点を確認しておきたいと思います。現代社会と比べてみたとき、中世は遥かに危険に満ちた社会でした。生まれ落ちた瞬間から、疫病や飢饉や戦乱によって命の危険にさらされ続ける時代が中世でした。ほとんどの人が天寿を全うすることなしに、この世を去ることを宿命づけられた時代だったのです。

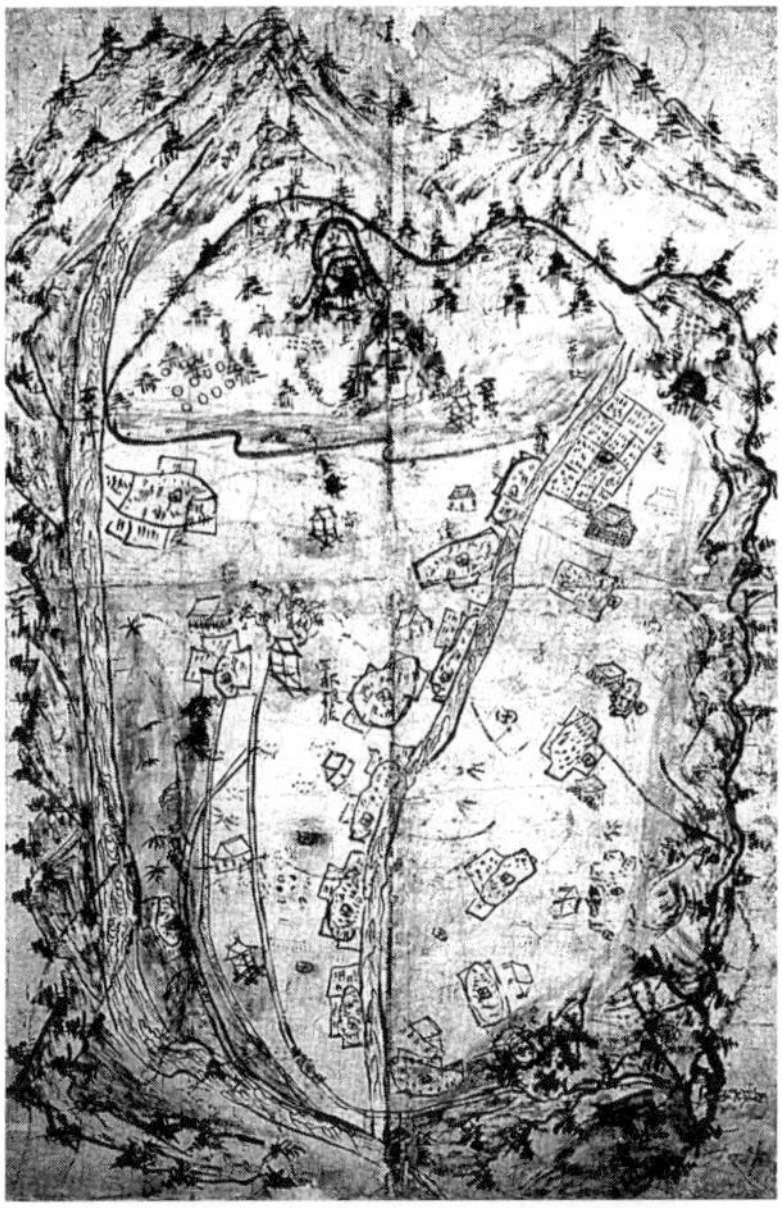

「骨寺村荘園絵図」の詳細絵図
（『骨寺村荘園遺跡村落調査研究総括報告書』一関市博物館）

もちろん中世の人々も、最初から現世の栄華を断念したわけではありません。美味しいものを食べたい、健康で長生きしたいという願望は、人間の本能です。しかし、死後の確実な救済が保証されるのであれば、多くの人はためらいなくそちらを選択する——それが中世という時代だったのです。

十一世紀から流行する浄土信仰の背景にあったのは、こうした時代固有の世界観でした。現世での生を終えた後に、救済者の力でどこかに実在する理想世界＝浄土に生まれ変わることが、大方の中世人の究極の目的となったのです。

神が人を浄土に導くという信仰

けれども、ここで一つの問題に突き当たります。浄土の仏たちは異次元世界の存在であるため、娑婆世界にいるわたしたちが直接その姿を目にすることはできません。末法に生を享けた愚かな人々に、不可視の救済者の実在をいったいどうやって信じろというのか……。

この課題を解決するために、浄土の仏たちが採った手段が、目に見える姿をとってこの世に「垂迹《すいじゃく》」し、人々の背中を押して浄土に導くという方法でした。

垂迹という概念は、今日もっぱら仏と神の関係に限定して用いられていますが、中世人にとっての「垂迹」とは、「目に見えない」仏が人々と縁を結ぶために、「目に見える」姿を取ってこの世に出現することを意味していました。そして、この世とあの世の橋渡しをする垂迹のなかに、重要な役割を果たすものとして、山王や八幡や春日などの日本の神々がいたのです。

神が人を浄土に導く、というと意外な感じがします。けれども、中世では、人々が神社に詣でて死後の往生を願うことはごくありふれた光景でした。

中世に多数製作される「宮曼荼羅」は、神社の社頭と背景の山を描いた絵の上方に、その本地仏を描くパターンが主流です。ここにあげた山王宮曼荼羅（南北朝時代、奈良国立博物館）では図の中央に山王社と八王子山《はちおうじやま》が配置され、その上に本地仏が描かれていて、山王神が垂迹であることが明示されています（写真）。右奥には雪をいただいた比良《ひら》山脈が描き込まれていて、八王子山から比良山に架けられた、浄土へと続く滑走路の存在が暗示されています。

垂迹である山王の神によって抱きとられ、その力によって彼岸に向けて押し出された死者の霊魂は、山中に化現した本地仏に手を引かれ、社殿から八王子山・比良山へと一直線に伸びる空中のルートを通って、他界へと旅立っていくのです。聖なる神の山を媒介とする此岸と彼岸の交流という観念をそこに読み取ることができます。

「日吉山王宮曼荼羅図」（特別展神仏習合2007年・奈良国立博物館）

死者が浄土に旅立つシステム

いまご紹介した山王宮曼荼羅と骨寺村絵図とを比べてみましょう。

まず注目されるのは、なだらかな奥山（比良山と栗駒）を背景として、その手前に急峻な独立峰が屹立する構図の類似性です。山王宮曼荼羅では山上の牛尾社が占める空間を、荘園絵図の方では山王窟が占めています。どちらも、もっとも目立つ場所を占めているのは、宗教的なシンボルとなる施設なのです。

荘園絵図において山王神を祀る山王窟が中央に大きく描かれているのは、住民たちがそこに特別の意味を見出していたからにほかなりません。同時代の世界観では、山王神の最重要の機能は、人を首尾よく彼岸に送り出すことでした。

骨寺の正確な所在地はまだ確認されていませんが、駒形根神社の裏手の丘陵地帯に位置していたものと推定されます。浄土からの化仏は、しばしば清浄なる山を経由してこの世に姿を現しました。そして中世では、栗駒山はその六つの峰々に本地仏の名がつけられ、化仏出現の聖地と信じられていたのです。

十二世紀にこの地に寺が建てられたとき、骨寺というネーミングからして、納骨・葬送に関わる場であったと推測されます。同時代の高野山や元興寺極楽坊がそうであったように、納骨の目的は故人の魂を彼岸に送り出すことにありました。正しい信仰の道を貫いた人には、その臨終にあたって来迎があると信じられていたのです。

骨寺に葬られた死者の霊魂は、栗駒山の稜線を越えて飛来する来迎仏に抱かれて遺骨を離れると、山王窟に鎮座する山王神の後押しを受けて空中に架けられた道を西に栗駒へと辿りました。そのベクトルを示すかのように、山王山の山頂はまっすぐに栗駒を指向しています。栗駒山の山頂に到達した霊魂は、そこを踏切台としてこの世に別れを告げ、遠い浄土に向けて最終的な飛翔を開始するのです。

骨寺村絵図には、神の宿る山を経由して、死者が遠い浄土に旅立つシステムが端的に表現されています。それは単なる絵図ではなく、村の人々が共有していた浄土教的世界観を反映する曼荼羅そのものでした。骨寺に生きた人々は夕日が沈む栗駒山の稜線に、来迎仏の姿を幻視していたのです。

10

苦行を強いられるべき霊場と現世を否定する信仰とがなぜ両立したのか

岩屋寺　愛媛県上浮穴郡久万高原町

垂直な絶壁がそそり立つ霊場

わたしが愛媛県久万《くま》高原町にある海岸山岩屋寺《いわやじ》（真言宗豊山派）を訪れたのは、コロナが流行る前の二〇二〇年、桜が見頃を迎える三月下旬のことでした。岩屋寺は四国八十八ヶ所霊場の四十五番札所です。松山市を出たわたしは、久万高原を目指して車を走らせました。路端には、道路を縁取るレースのように菜の花が咲き誇っています。

道が四国山地に入り込むに従って、カーブの数が増えてきます。谷間に沿った木立の道を走り続けると、やがて畑や人家のある開けた土地に出て、「岩屋寺」の所在地を示す看板が現れました。車を駐車場に置き、土産物屋などがある小さな集落を抜けると、いよいよ札所参詣の始まりです。

八十八ヶ所を歩き通す巡礼に比べれば、ものの数ではないと思われるかもしれませんが、岩屋寺は駐車場からの距離が長い難所として知られています。参詣道は森のなかを登る険しい坂道です。道の脇には、たくさんの地蔵尊が祀られています。不動明王や弘法大師の像もあります。途中で立ち止まって上を望むと、木立の隙間から、急斜面のはるか彼方に岩屋寺の建物がのぞいていました。

岩屋寺本堂と急峻な法華仙人窟

二十分ほど歩いて、ようやく寺に到着です。境内からは巨大な垂直の絶壁がそそり立ち、巨岩に包み込まれるようにして本堂や不動堂などの伽藍が配置されています。まさに霊場とよぶにふさわしい荘厳な光景です。

岩壁には、あちこちに穴が穿たれています。「法華仙人堂跡（仙人窟）」とよばれる本堂脇の大きな岩窟には長い梯子が架けられていて、だれでも登ることができるようになっています（前頁の写真）。わたしも上がってみましたが、岩屋の床は本堂の屋根に匹敵する高さがあり、上からのぞくと思わず足がすくんでしまいます。

岩屋寺は一八九八（明治三十一）年に大火災にあって、ほとんどの伽藍を焼失しています。現在の本堂も、その隣に建つ大師堂も、火災の後に再建されたものです。最初に再建された大師堂は一九二〇（大正九）年の完成で、本堂よりも一回り大きな建物です。伝統的な寺院建築にバラなどの西洋風の意匠を融合させた優れた建築として、国の重要文化財に指定されています。

岩屋寺でぜひ拝観しておきたい場所が、「穴禅定」とよばれる洞窟です。納経所の横に幔幕が掛かった入り口があって、「かなえる不動」と記された石柱が立っています。一歩踏み込むと六地蔵があり、奉納された絵馬やお地蔵さまがみえます。そこから本堂の下に向かって洞窟が続いています。

小さな照明はあるものの、中はほとんど真っ暗です。善光寺の「お戒壇巡り」が思い出されます。手すりを頼りにして足元を確かめながら進むと、洞窟の奥に不動明王・弘法大師・地蔵尊の石像が祀られています。ろうそくの光に朧げに浮かび上がるその姿は、とても神秘的です。

鎖を握り登る奥の院にある祠

登ってきた方向と反対側の端には仁王門があります。明治の大火でも焼失を免れた、数少ない江戸時代の建物です。そこから奥に向かって上り坂が続いています。四十四番札所の大宝寺から、八丁坂越えとよばれる峠越えの遍路道を辿った場合は、この門が寺の入り口になります。

仁王門を抜けてしばらく坂道を登った先が、岩屋寺の奥の院です。奥の院の入り口には巨岩が立ち塞がっており、それがナタで割ったように真っ二つに割れています。「逼割禅定《せりわりぜんじょう》」とよばれるスポットです（写真）。

岩屋寺奥の院の入口「逼割禅定」

奥の院に辿り着くためには、岩の間の隘路《あいろ》を抜けなければなりません。逼割禅定の手前には門があり、施錠されているため、参詣のためにはあらかじめ下の納経所で鍵を借りておく必要があります。

用意した鍵で門を開けると、人がやっと一人通れるほどの道が奥に続いています。先に進むと目の前に絶壁が現れ、よじ登るための鎖が下がっています。周りに人影はまったくありません。事故を起こした場合を考えてしばらく迷った末に、意を決して鎖を手に取りました。

なんとか鎖場の上に辿り着くと、今度はその先に、長い木製の梯子が架けられています。かなりの急傾斜です（次頁の写真）。ここまできて引き返すのも癪なので、三点支持を保って慎重に登り始めました。登りきった先は岩峯の頂上で、三百六十度の眺望です。石造りの白山神社の祠がぽつんと置かれています。

春霞がかかっているものの、雲一つない青空で、遠くには四国の最高峰、石鎚山の姿を拝むことができます。これからあの梯子と鎖場を降りなければならない恐怖も忘れて、しばし早春の四国山地の風景に見入ってしまいました。

高野山開闢と同一の秘伝の謎

この不思議な霊場は、いつ、どのようにして誕生したのでしょうか。寺伝によれば、その開《かい》闢《びゃく》は平安時代の初めに遡るとされています。

八一五（弘仁六）年のことです。修行にふさわしい聖地を尋ねて山中の奥深く分け入った弘法大師空海は、この地で法華仙人とよばれる一人の女性の修行者と出会います。仙人は長い修行の末に、空を飛ぶことができるような神通力を身につけた人物でした。先に紹介した本堂脇の法華仙人窟は、この仙人が居住した場所だといわれています。法華仙人は空海を深く敬い、自分が行場としていた地を空海に献上します。仙人の没後は万人が結縁できるよう、一宇の精舎を建ててその遺骨を納めたといいます。

弘法大師は木造と石造の二体の不動明王像を刻み、木造を本堂に、石造を奥の院に安置しました。さらに岩山そのものを胎蔵・金剛両界の本尊に見立てて、護摩の修法を実践するのです。

菅生の岩屋・奥の院への道

すでにお気づきと思いますが、この逸話は、霊地を求めて紀伊半島を渉猟《しょうりょう》していた空海の前に、地主神《じぬしがみ》（その地を所有する神）の丹生《にう》明神が現れ、高野の地を譲ったというエピソードに瓜二つです。地主神の出現は修行が成就した証であり、空海と神との邂逅は、空海の境地の高さを証明する出来事でした。この高野山開闢の伝承を下敷きにして、空海が地主神にあたる法華仙人から岩屋寺の地を譲渡されるというストーリーが作られた、と推測されるのです。

空海と法華仙人の出会いが後日創作されたエピソードだとしても、岩屋寺の歴史が古代に遡ることはほぼ確実です。険しい山中に籠って、験力を身につけるべく激しい修行に打ち込む行者の姿は、奈良時代以前からみられました。霊場を求めての最澄や空海の山林《さんりん》抖擻《とそう》も、そうした伝統を引き継いだものでした。仙境を思わせる霊気に満ちた岩屋寺が、古くから行場として使用されていた可能性は高いと考えられます。

伝説とは別に、岩屋寺が史料上に具体的な姿を現すようになるのは、十三世紀のことでした。この時期、日本列島には「鎌倉仏教」と総称される新しい仏教運動が広がっていました。その祖師の一人である一遍が岩屋寺を訪れ、この地で修行しているのです。

一遍は各地を遊行しながら人々に念仏を勧めた人物として知られています。その様子を同行した弟子の聖戒《しょうかい》が絵巻物に仕立てたものが『一遍聖絵《いっぺんひじりえ》』（国宝・清浄光寺蔵）です。この絵巻のなかに、一遍が菅生の岩屋（岩屋寺）に参籠する場面があります。

境内の中心部を描いた箇所では、屹立する岩壁の手前に不動堂（本堂）が建っています。今日わたしたちが目にするものとまったく同じ風景です。いま法華仙人窟にはなにもありませんが、絵巻では窟内に懸崖造《けんがいづく》りの建物が描かれています。

聖絵には奥の院の描写もあります。急峻な岩峯がいくつも立ち上がり、そこに梯子が架けられています。梯子を登っている人、それを見上げている人がいます。狭い頂上には祠があり、一人の人物が礼拝しています。

これは聖絵のなかでも有名なシーンであり、わたしも若いときから何度も目にしてきたものです。わたしは長い間、現実にはありえないような景色を描いたこの絵は、想像を交えたフィクションだと思っていました。けれども奥の院の岩場を目の当たりにして、『一遍聖絵』の風景がきわめて写実的な描写であることを実感しました。

なぜ浄土信仰の一遍が岩屋寺に

一遍が岩屋寺を訪れたのは、一二七三（文永十）年のことでした。一遍は岩屋寺に来る前に窪寺（松山市）で三年間修行を行い、独自の悟りの境地に到達していました。その内容は、だれもがすでに念仏による極楽往生が確定しており、衆生がひとたび唱える念仏は、阿弥陀仏が十劫という途方もない時間をかけて成就した悟りの功徳に匹敵する、という確信です。この真実を人々に伝えるために、一遍は伝道の旅を開始するのです。

一遍は法然の孫弟子にあたる聖達《しょうたつ》に師事しました。伝統的な仏法が救済力を失った末法の世とみるのが、法然の基本的な同時代認識でした。そうした暗黒の世界でただ一つ輝きを放つものが、阿弥陀仏が選び取って人々に与えてくれた念仏だったのです。現世を否定的に捉え、そこに対する執着を拒否しようとする姿勢は、若干の濃淡の差はあっても法然門流に共有されたものでした。

ここで一つ疑問が起こります。岩屋寺は訪れた者だれもが感動を覚える絶景の地です。現世を仮の世と捉える浄土信仰の系譜に連なる一遍は、なぜあえてこの風光明媚な地に足を運ばなければならなかったのでしょうか。しかも岩屋寺は、来世を志向する場というよりは、法華仙人が空を飛ぶ力を身につけたように、神に匹敵するパワーを獲得する場所として知られていたのです。

この問題には、日本列島で展開する浄土信仰の特色を解き明かすための、重要なヒントが秘められているように思います。以下、この疑問を少し掘り下げてみたいと思います。

日本の浄土信仰では、目指すべき浄土はさまざまありましたが、もっともポピュラーなものは阿弥陀仏の極楽浄土でした。極楽浄土はこの世（娑婆世界）から、西の方向に十万億の仏土を過ぎたその先にあると信じられていました。いま風にいえば、「銀河の彼方」ということになるでしょうか。

浄土が想像を絶する遠方にあるため、普通の人間がその存在を認知することは不可能でした。それでは、だれも極楽に行きたいという切実な気持ちを起こすことなどできません。そこで浄土の仏はさまざまな手立てを用いて、真実の浄土の実在とその素晴らしさを衆生に示そうとします。なかでも一番重要な手段は、仏の分身が念仏者を迎えるために、この世にその聖なる姿を示すことでした。仏の来迎です。

この世に現れた仏は「生身《しょうじん》」とよばれ、その出現は往生が確定した証拠として重視されました。生身仏の来迎の様子を描いた「来迎図」も、たくさん描かれました。その際に注目されるのは、来迎仏が現れる場所がいずれも山だったことです。

たとえば知恩院（京都）の『阿弥陀二十五菩薩来迎図』（国宝・鎌倉時代）は、急峻な山頂に出現した阿弥陀と菩薩群が、往生者を迎えとるためにお堂に向かって一直線に降下する様が描かれています。その背景となる山の木々と自然が、大和絵的な手法で丁寧に描写されていいます。

禅林寺（京都）の『山越阿弥陀図』（国宝・鎌倉時代）では、仏が山の稜線の彼方からその半身を現しています。幾重にも折り重なりながら緩やかに起伏を繰り返す山には、色づいた木々や常緑樹の木立が描き込まれています。

浄土信仰の基本的な立場からすれば、この世は厭離すべき穢土にほかなりません。現世への執着は往生の妨げとなるものであり、厳しく抑制されるべき行為でした。にもかかわらず、なぜ中世の人々は、来迎仏が美しい自然のなかに出現する様子を描いたのでしょうか。彼岸への旅立ちの場として、優美な姿をした山を選んだのでしょうか。

その理由は、日本人の独自の自然観にあるように思われます。この列島に生きた人々は太古の昔から、秀麗な形状をした山を神の棲む聖なる地と捉えてきました。日本人の山に対する愛着は中世でも変わることがありませんでした。そうした山の観念が厭離穢土を説く浄土信仰にある種のバイアスをかけ、この世とあの世を媒介する山という見方を生み出したと想像されるのです。

『一遍聖絵』では、岩屋寺は「観音影現の霊地」「極楽を現じ給へる所」とされています。霊気あふれるこの地も、当時の人々には彼岸に通じる回路とみえたのです。

なぜ山の聖性に惹かれるのか

私は日本人の自然美への憧憬が、本来厭離すべき対象であるはずの山を浄土への階梯《かいてい》とみる思想を生み出したことを述べました。中世には西行や鴨長明など、著名な遁世者も山を目指しました。

花の色の雪のみ山にかよへばや深き吉野の奥へいらるる（西行『聞書集』）

満開の桜に覆い尽くされた吉野の山は、釈迦が前世で修行したといわれる雪山《せっせん》の白き嶺を連想させるものでした。西行は吉野の山に分け入った自分の行動を、山の聖性に惹かれてのものと解釈するのです。彼にとって吉野の山は、彼岸へと通じる径そのものでした。

しかし、中世では、山は彼岸世界にもっとも近い場所ではあっても、もはや最終的な安住の場所ではありませんでした。山に執着することは、究極の救済を求める者にとって、逆に足かせとなりかねない危険な行為でした。西行は、数奇の心に惹かれるままに彷徨する自身の振る舞いを、彼岸世界の面影の探求という論理でいかに正当化しようとも、両者の間に矛盾があることを十分に自覚していました。

そしてそれは「仏の人を教へ給ふおもむきは、ことにふれて執心なかれとなり。今草の庵を愛するもとがとす、閑寂に着するもさはりなるべし」（『方丈記』）と、閑居を楽しむわが身を振り返り、「不請の念仏」を唱えた鴨長明の姿勢にも通ずるものだったのです。

11 日本各地に十三世紀を境に集団納骨の霊場がつくられ始めたのはなぜか

文永寺　長野県飯田市

文芸文化を重んじる風土の下で

二〇二三年五月のことです。まさに五月晴れとよぶにふさわしい、快晴の朝でした。前日までの長野市での仕事を終えたわたしは、長野自動車道を松本方面へと車を走らせました。姥捨サービスエリアで善光寺平を一望した後、聖《ひじり》高原を越えて松本盆地に入り、北アルプスのシルエットを右手に眺めながら、高速道を南に向かいます。松本を過ぎて岡谷で中央自動車道と合流し、新緑の眩しい伊那谷をしばらく走って、飯田インターで高速を下りました。

インターからは高速と直行する道路を飯田線の駄科《だしな》駅に向かいます。正面に南アルプスの主峰、赤石岳と聖岳を望む、視界の開けた気持ちのいい道です。遠い昔、厳冬期のあの山嶺で、山の友が若い命を落とした記憶が頭をよぎりました。

駄科駅近くの踏切で線路を越え、深い峡谷を削り出している天竜川を渡って東岸に出ると、急な坂道にぶつかります。今日の目的地の文永寺（真言宗智山派）は、河岸段丘に刻まれたこの坂を這い上った先の、見通しのよい高台にあります。

寺の周辺には農地の間に住宅が散在する落ち着いた風景が広がっています。山門の奥にある駐車場に車を停め、境内に続く階段を登り切って振り返ると、視界を妨げるものがなにもない先に、木曽山脈の山々が連なっています。

飯田市の文永寺にある道祖神

杉木立に囲まれたさほど広くない境内には本堂（阿弥陀堂）と鐘楼があります。鐘楼には鎌倉時代に遡ると推定される古い鐘が吊るされています。片隅には男女一対の道祖神がひっそりと佇んでいます（写真）。いくつか古碑もあります。

伊那は古くから独自の文化を育んできた地域でした。芸術や文芸を大切にする気風もありました。幕末から明治にかけて、井月《せいげつ》という俳人がこの地を徘徊しながら俳句を読み続けました。無一物だった彼の生活を支えたのは、文人を歓待する習慣を持つ伊那の人々でした。放浪の俳人井月については、つげ義春がその半生を漫画に描いています（「蒸発」『無能の人』所収）。

わたしの古くからの知己に、映像作家の北村皆雄さんがいます。だいぶ前になりますが、突然連絡をいただいて、伊那で井月のシンポジウムをするから講演してほしいという依頼がありました。「井月なんて人、知りませんよ」と返事したら、彼の全集が送られてきました。その後の準備がたいへんでしたが、いまではその企画を通じて、井月と伊那とのご縁ができたことをとても感謝しています。

北村さんはその後、井月の生き様を主題とした、田中泯《みん》主演、樹木希林語りによる「ほかいびと　伊那の井月」（二〇一一年）という映画を制作しています。長い時間をかけて撮影した伊那の美しい四季を背景に、奇矯の人・井月の日々を描いた素晴らしい作品です。その翌年には岩波文庫の『井月句集』が刊行されて、いまではだれでも気軽に井月の作品に触れることができるようになりました。

落栗の座を定めるや窪溜り　井月

石室床下から多くの焼骨の謎

文永寺（本尊は大元帥明王）にはその名称の示す通り、文永年間（十三世紀後半）、亀山天皇の勅願を奉じて、この地を治める信濃国伴野荘の地頭・知久《ちく》信貞が建立したという寺伝があります。鐘楼には鎌倉時代の梵鐘が架けられており、中世前期に遡る古寺であることはまちがいありません。

五輪塔を安ずる石室の床下には大甕が（文永寺）

鎌倉時代の創建を裏付ける遺物が、もう一つ残されています。参道を左に折れた先にある石室です（重要文化財、写真）。この石室は厚い板状に加工した花崗岩を積み上げて作られています。三方が壁となっていて、正面だけが吹き放ちという構造です。屋根には二枚の平石が載せられ、その上に重しのように棟石が置かれています。内部は縦・横・高さ、それぞれ一・二メートルほどの空間となっており、五輪塔が安置されています。

天井石には銘文が刻まれており、弘安六（一二八三）年に、神《みわ》（知久）淳幸が「南都石工」に命じて造らせた旨が記されています。このころ南都（奈良）の石工が各地で五輪塔などを盛んに造営しており、その活動がこの地にも及んでいたことがわかります。

この五輪塔は床石の上に置かれていますが、注目すべきは塔の前の床が四角く切り取られ、別の石が嵌め込まれていることです。掲載した写真でもわかりますので、確認してみてください。なんのために、わざわざこのような手間のかかる工作を施したのでしょうか。

実はこの床下に、もう一つの装置が設けられていました。床石の下には常滑焼の大甕《おおがめ》が設置され、蓋石を外すとその部分が窓となって、甕のなかに物を落とし込むことができる構造となっていたのです。

かつてこの石室の解体修理を行った際に、甕からその半ば以上を満たす大量の焼骨が見つかっています。床の穴は、故人の火葬骨を携えてこの地を訪れた人が、それを納めるための窓口だったのです。

江戸時代には、だれかが亡くなると遺体を土中に埋納し、その上に石塔を立てて戒名・法名を刻むという風習が列島各地に広がっていきます。それは武士層に始まり、しだいに裕福な町人や農民層に浸透します。亡くなると寺に付随する墓地に埋葬され、墓石を目印にして親族縁者が折々に墓を訪れるイベントが、年中行事の一コマとなっていくのです。

わたしたちに馴染みが深いこの習慣と比べたとき、火葬骨を石塔に収めるという作法は、葬儀の形態としてはかなり異質です。江戸時代以降の墓地では一つの墓に収められる人物は通常一名です。それに対し、文永寺の五輪塔に奉納された遺骨は相当な人数にのぼるものと推定されます。しかし、それらの人物を特定することはできません。

多くはこれを建立した在地領主の知久氏ゆかりの人物と思われますが、近隣の住民が納骨しても妨げられることはなかったようです。文永寺の五輪塔は、この一帯に住む人々の共同墓地としての機能を果たすものだったのです。

わたしたち現代人の目には、きわめて奇妙に映る集団納骨の風習ですが、墓地の中心にシンボルとしての石塔を設け、そこに故人の遺骨を納めるという形態は、中世まで遡ったとき、決して珍しいものではありませんでした。中世の人々はなぜこのような行動を取ったのでしょうか。こうした葬送儀礼の背景に、どのような死生観が潜んでいたのでしょうか。

各地の板碑願文でわかること

西日本では十三世紀以降、石造の惣供養塔を中心に、身分を超えた不特定多数の死者を受け入れる共同墓地が発達していきました。それ以外の地域では、どうだったのでしょうか。

実は、東北地方を含む東日本でも、若干遅れて、西日本と類似した共同墓地形成の動きが始まっているのです。西日本では五輪塔が惣墓の中核施設となるケースが多くみられましたが、東日本ではその役割を果たしたのが板碑《いたび》でした。

これまでもなんどか言及しましたが、板碑は石を四角い板状に加工した中世の石塔です。東北を含む東日本を中心に、膨大な数が建立されました。碑面の上部に、仏のシンボルである梵字（サンスクリット文字）が刻まれているのが特徴です。多くの板碑ではその下に、造立の功徳によって死後の安穏や浄土往生を願う願文が彫られています。

板碑が集中している地として知られるのが、日本三景の一つである松島の雄島です。一九八八（昭和六十三）年、坐禅堂の南にある二基の大型板碑の発掘調査が行われました。板碑の西側前面には細長い祭壇状の遺構があり、そこからは梵字だけを刻んだ小型の板碑五基が発見されました。祭壇上とその周辺には、長年にわたって繰り返されたと推定される納骨の形跡がありました。

一見すると白い貝殻の破片のようですが、いまでも雄島には無数の火葬骨が散乱しています。雄島では十三世紀後半から約百年にわたり板碑の建立が継続され、建てられた板碑に対して結縁のための火葬骨の奉納が繰り返されていたのです（第1巻 第13章参照）。

宮城県岩蔵寺のこの本堂裏手から集石遺構が見つかった

板碑を中心にして共同墓地が発達する形態は、宮城県だけでも数多くの実例がみられます。岩沼市の岩蔵寺（天台宗）は、岩沼から内陸の村田町に抜ける県道から分かれて、山道をしばらく登った先にあります。門前の桜の大木をくぐり、階段を登った先に、江戸時代の本堂がひっそりと佇んでいます。堂内には平安時代に遡ると推定される薬師仏が安置されています。

近年、この本堂の裏手から大規模な集石遺構が発見されました（写真）。遺跡の中心に位置するのは板碑で、それを取り巻くように河原石が積み上げられ、火葬骨が納められた跡があります。この地もまた、地域の住民が故人の遺骨を運んだ納骨の霊場だったのです。

浄土信仰に始まる納骨霊場化

この列島に人類最初の足跡を標した縄文人は、だれかが亡くなると平等に埋葬を行ったことが知られています。やがて弥生時代に入って定住化が進み、身分と階層の分離が進むと、墓を造ることができるのは一部の権力者たちだけとなり、人口の大部分を占めていた庶民層の墓が見当たらなくなります。庶民の墓が消える時代が長く続くのです。

遺骸をそのまま放置すれば、腐敗して耐え難い臭気を発生するため、遺体に対しては、埋葬したり洞窟などの人気のない場所に運んだりといった、最小限の処置は施されたと考えられます。しかし、死亡直後に簡単な儀式が行われることはあっても、死者の永遠の冥福が願われることはありませんでした。死後の命運を担当する仏教の力も、まだ庶民層に及ぶことはなかったのです。

それに対し、十二世紀ごろに始まる、死者の遺骨を霊地に奉納するという儀式は、明らかにそれまでの死者供養とは一線を画するものでした。このころ急速に影響力を強めていった浄土信仰を背景に、供養塔を建立することによって特定のスポットを聖別し、そこを彼岸と此岸を結ぶ通路に見立てようとする試みが開始されるのです。霊場に死者の遺骨を奉納することによって、死者が浄土に飛翔することが可能になると信じられたのです。

開かれた霊場といっても、遺体を焼いて骨をそこに運ぶという行為はだれでもできるわけではなく、それを可能にする人的・経済的な裏付けが必要でした。それでも各地に散在する中世前期の納骨霊場を歩いていると、当時の人々が抱いていた死後の救済への強烈な願望を感じ取ることができます。大衆を救済の主客に据える「鎌倉仏教」の誕生は、現世を超えた救いを切望する人々のこうした熱い思いに応えようとするものだったのです。

第3部

紫式部はなぜ地獄に堕ちたか

12 日本人はなぜ山中に地獄も極楽もあると考えるようになったのか

川原毛地獄　秋田県湯沢市

硫黄臭たちこめる川原毛地獄

宮城・岩手・秋田の県境にまたがる栗駒山《くりこまやま》は、長く裾を引いた稜線をもつ優美な山です。そのシルエットはしばしば美しい女性の姿に喩《たと》えられます。宮城県側からみると、春に消え残った雪が馬の形（駒形）をなすところから、この名称がついたといわれています。

東北のほぼ中央部に位置する栗駒山の標高は、千六百二十六メートルとそれほど高いわけではありません。しかし、周囲にこれに匹敵する高峰がないこともあって、宮城側では古川以北の平野部の広い範囲からその美しい姿を望むことができます。

栗駒山は遠くから眺めても飽きることのない山ですが、実際に足を踏み入れるとその多彩な魅力に驚かされます。山中には湿地帯から岩場まで変化に富んだ風景が広がり、それぞれの環境に適応するたくさんの高山植物が登山者の目を楽しませてくれます。秋には山腹一面に広がる楓やドウダンの紅葉がハイマツの深緑と混じり合い、高貴な絨毯を思わせるあでやかな色模様が展開します。

栗駒山を語るときに忘れてならないものが温泉です。山中から山麓一帯にかけて、強烈な個性をもったいくつもの温泉が点在しています。秋田県と岩手県の県境に位置する標高千百メートルの須川《すかわ》温泉では、毎分六千リットル噴出するという熱泉が川となって流れていく圧巻の光景を目にすることができます。

そこから秋田方面に下ったところにある小安峡《おやすきょう》温泉には、自然の川そのものを露天風呂として楽しむことのできるスポットがあります。小安峡から南西方向に別れて秋の宮方面への道（こまち湯ったりロード）を辿れば、硫黄の匂いの立ち込める、どこか古風な佇まいを残した山間の秘湯・泥湯《どろゆ》です。

これらの温泉は十一月から翌年の五月にかけて、冬季の休業期間となります。道も雪のために通ることができません。

今回の目的地は泥湯のさらに先にあります。泥湯を抜けていくつかのヘアピンカーブを過ぎ、なだらかな登り坂を進んでいくと、前方右手に白っぽい色をした丘がみえてきます。前進するにつれて丘陵はますます存在感を増し、やがて目の前すべてが灰白色の起伏で覆われてしまいます。恐山、立山と並ぶ日本三大霊地とされる川原毛《かわらげ》地獄（秋田県湯沢市）です。

標高約800mの噴気地帯に広がる川原毛地獄（秋田県）

地獄の隣には必ず温泉がある

わたしが最近、川原毛地獄を訪れたのは、二〇二〇年の夏のことでした。須川温泉駐車場から栗駒山頂を往復し、そこから車で小安峡、泥湯を経由して川原毛に向かいました。「こまち湯ったりロード」沿いには駐車場が設けられており、車を置いて道を歩けばすぐに地獄の入り口です。

川原毛地獄は激しい起伏を伴う五ヘクタールほどの丘陵です（写真）。足を踏み入れると異様な光景に目を奪われます。この地の標高はおおよそ八百メートル、全体が酸性の熱水を浴びて灰白色に変質した凝灰岩に覆われ、草木は一本も生えていません。域内には針山地獄・馬喰《ばくろう》地獄・染谷地獄といった名称を付された場所が点在し、空を映したような色をした池のそばには賽の河原があります。生前に重い罪を犯した人々がこの地に送られ、日夜鬼たちによる激しい責め苦に遭っていると信じられていたのです。

地獄のなかには柵のある遊歩道が整備されており、歩いて一周できるようになっています。この日は火山性ガスの噴出が激しいという理由で、核心部に入る道は通行止めになっていました。

現地の伝承によれば、霊場としての川原毛地獄の濫觴《らんしょう》は、八〇七（大同二）年に月窓和尚がこの地を地獄に見立てて、霊通山前湯寺《ぜんとうじ》を建立したことにあるといわれています。八二九（天長六）年には、円仁（慈覚大師）がこの地を訪れたとされます。しかし、なにぶん遥か遠い昔の伝承であり、その信憑性を確認することはできません。

慈覚大師開山伝説は東日本の広い範囲に残っており、恐山・立石寺・中尊寺・松島寺（瑞巌寺）など東北の主要な寺院や霊場の多くがこの話を伝えています。わたしは、十二世紀ごろに天台宗が東日本に伝播したとき、慈覚伝説も同時に持ち込まれたものと推測しています。川原毛地獄も、ある時期、天台系の行者の関与があった可能性は否定できません。

この地には江戸時代の初めに久保田藩によって硫黄の採掘場が設けられました。硫黄の採取は、脱硫装置の開発で石油から硫黄を回収できるようになる一九六〇年代まで続きました。

地獄の左端（南端）に沿って遊歩道が続いています。この道を下ると、やがて地獄を抜けて、平地になっている広場に着きます。ここには一九八七（昭和六十二）年に建立された川原毛地蔵尊があります。

川原毛地獄の先は川原毛大湯滝。日本屈指の湯の滝

川原毛地獄を訪れたときにぜひ足を伸ばしていただきたいスポットが、地蔵尊からブナ林の遊歩道を十分ほど下った場所にある川原毛大湯滝です（写真）。二筋に別れて流れ落ちる、高さが二十メートルほどの滝です。それ自体が一見に値する景勝の地ですが、驚くべきは流れ落ちる滝が温泉になっていることです。夏には露天風呂のように、滝壺に浸かって楽しむことができます。着替える場所もありますので、入浴されるときは水着を持参することを忘れないでください。

下北半島の恐山も境内に温泉がありました。立山も、山中にいくつもの温泉を抱えています。地獄は熱水の吹き出す場所が多く、それは温泉の源泉ともなりうるものでした。かつて炎熱の地獄で苦しんだ亡者たちは、同じ場所で湯に浸かってくつろぐいまの人々を、どのような眼差しでみているのでしょうか。

地獄は山にあり浄土は何処か

いうまでもないことですが、地獄は重い罪を犯した人々がその罪を贖《あがな》うために追いやられる地です。川原毛地獄は人里離れた山中にありました。その域内に地獄をもつ恐山も立山も、やはり山でした。日本列島では、罪人が行くべき地獄の多くは山の中にあったのです。

修行と善行を重ねた人だけが招待される、地獄と対極の場所が浄土でした。よく知られた浄土として、阿弥陀仏の極楽浄土、弥勒菩薩の兜率《とそつ》浄土、大日如来の密厳浄土などがあります。地獄の所在地が山中だとすれば、浄土はいったいどこにあったのでしょうか。

これまで何度か言及した立山ですが、その宗教世界を描いた作品に立山曼荼羅があります（次頁の写真）。曼荼羅には立山の山中の風景が描写されています。上方には立山連峰の山頂が連なり、その左端には針の山に見立てられた剱岳があります。曼荼羅の左手には閻魔大王がおり、その下には地獄をはじめとする悪道の光景が広がっています。人々を責め苛む鬼たちの姿があります。

目を右上に転じると、仏や聖衆が雲に乗ってゆったりと漂う様子が描かれています。その下の地上には阿弥陀仏と不動明王がいます。ここが地獄の対極となる聖なる地、浄土と考えられていたのです。

来迎の阿弥陀如来と聖衆と地獄の様子とが一面に描かれた立山曼荼羅（福江充『立山曼荼羅』法藏館、2005年）

立山には悪人が赴くべき地獄があり、同時に善人のために設けられた浄土もありました。いまでも立山には火山性ガスが轟音と共に吹き出す「地獄谷」に加えて、「浄土山」「弥陀ヶ原」という地名があります。立山の山中には、地獄だけでなく浄土も同時に存在したのです。

一つの山に地獄と浄土の両方があるケースは、日本では決して珍しいことではありません。地獄の場合、立山に加えて箱根や登別の地獄谷のように、毒性のガスや蒸気を噴き出す谷あいの地が選ばれることが多いようです。それに対し、浄土は見晴らしのよい高原や山頂周辺に求められました。

仏教の経典では、地獄はこの大地の下にあると説かれています。浄土の所在地をどこに求めるかは、宗派によってさまざまですが、この世と次元を異にする他界というイメージが一般的です。少なくとも、経典レベルで浄土の所在地を山とするものはありません。その地獄と浄土が、日本列島では山中に共存しているのです。

地獄と極楽がともに山のなかにあるという見方は、学問の世界では「山中他界観」と呼ばれています。これが日本の他界観の特色であることは、多くの研究者の指摘するところであり、一般向けの概説書などにも普通に書かれています。その背景に、太古の昔から今日に至るまで、この世を離れた他界をイメージできなかった日本人独自の感性があるという説明も、しばしば目にするところです。

仏教がもっていた遠い彼方の浄土の観念も、ひとたび日本列島に受容されると、歩いて到達できる山の中へとその所在地を変えてしまうのです……。

中世と近世では異なる浄土観

しかし、わたしは山中他界観の定着はせいぜい江戸時代以降のことであり、それ以前（中世）にまで遡ったとき、浄土と地獄はまったく別のところにあったと考えています。中世を代表する文書である起請文《きしょうもん》を素材として、この点についてもう少し詳しくご説明したいと思います。

起請文とは、ある事柄を神仏に誓うとともに、もしそれが嘘だったらそれらの神仏の罰を受けてもいいという文言を記した文書です。十二世紀ごろには形式も整い、以後中世を通じて身分・職業を問わず膨大な数が作成されました。

次にお示しするものは、厳成という僧が一一六二（応保二）年に著した起請文の概略です。

「この起請を立てた理由は、いまより後、飲酒の際に一杯を越えて杯《さかずき》を重ねるようなことがあれば、王城鎮守八幡三所・賀茂上下・日吉山王七社・稲荷五所・祇園天神、別しては石山観音・三十八所権現の罰を、三日もしくは七日の内に、厳成の身の毛穴ごとに被っても構わない」

この人はよほどの酒好きだったのでしょうか。度を越した飲酒をやめることを神仏に誓っているのです。

ここでは誓約の監視者としてたくさんの神仏が登場します。一般的にいって、起請文に勧請される神仏の中で、圧倒的に数が多いのは日本の神です。この起請文でも、八幡・賀茂・日吉などの神々が名を連ねています。そうした中に、少数ではあるものの、仏の名前を見出すことができます。もっとも頻繁に登場するのが、東大寺の大仏です。この起請文には石山寺の観音が姿を見せています。観音様といえば、長谷寺の観音なども起請文の常連でした。

東大寺の大仏と石山寺・長谷寺の観音様。これらに共通するものは、一体なんでしょうか。それは、いずれも目に見える姿をとってこの現実世界に存在していることです。つまり、みな仏像なのです。

日本の中世は、死後に極楽浄土の阿弥陀仏のもとに往生することを目指す浄土信仰が盛んな時期でした。しかし、起請文には極楽浄土の阿弥陀仏といった目に見えない仏（あの世の仏）は、絶対に勧請されませんでした。そこに出てくるのは、日本の神々に加えて、その視線を生々しく感じ取れるこの現実世界の仏＝仏像（この世の仏）に限られていたのです（拙著『起請文の精神史』講談社選書メチエ、二〇〇六年）。

このように考えてきたときたいへん興味深い現象は、起請文に極楽浄土の阿弥陀仏は登場しないにもかかわらず、地獄の閻魔大王が勧請されていることです。起請文に出てくる神仏が、私たちの認識可能なこの世の神仏に限定されていることは先に指摘しました。そこに阿弥陀仏が姿をみせず、閻魔大王が登場するということは、中世人が抱いていた極楽と地獄への距離感がまったく異なることを示すものにほかなりません。

「日本人は他界観念が希薄で、地獄も極楽も身近な山中に存在すると考えた」という常識は、中世まで遡ると、もはや通用しないのです。

現代人の想像を超える世界観

わたしはいま、中世まで遡ったとき、地獄がこの世の内部にあったのに対し、浄土は現世とは次元を異にする遠い場所にあると信じられていた、と述べました。それを別の角度から論じてみたいと思います。

十一世紀に編纂された『今昔物語集』には、亡くなった母を尋ねて立山に踏み込んだ三人の子息が、前生で犯した罪のために山中の地獄で責め苦を受ける母親に会った話が収められています。母を救済するために、国司をはじめとする人々の協力によって法華経千部の書写供養が行われ、その功徳によって母は忉利天《とうりてん》に生まれたという夢告がありました。子供たちは改めて立山地獄を訪れましたが、こんどは母のうめき声を聞くことがありませんでした。

この説話では、立山の地獄を脱した母は天に上ったとされています。天は衆生が輪廻する六つの世界（六道）の最上位のポジションで、この世の上空にあると信じられていました。そこを中継点にして、この女性が最終的には浄土に往生することが暗示されているのです。

彼女が地獄の責め苦を受けていたのは、確かに立山の山中でした。しかし、仏の力によって地獄からの脱出が実現したとき、もはやその声が届くような場所に留まることはなかったのです。

山中他界観が日本古来の伝統的な世界観に根ざすものという通説は、一見たいへん魅力的で説得力があるようにみえます。しかし、それはある程度以上の古い時代まで遡ることのできないものでした。

日本人の世界観は時代により大きく変貌してきました。中世には広大な目にみえない宇宙を含む、現代人の想像を超える世界観が共有されていたのです。それがいわゆる「鎌倉仏教」のダイナミズムを生み出す原動力となっていたのです。

コロナ、パンデミックもあって閉塞感が強まるこのごろ、ときには先入観を排して昔の祖師の教えを繙《ひもと》き、古典文学を開いて、かつての人々が心身を浸していた壮大な時空に遊ぶのもいいのではないでしょうか。

13

中世の史料や絵図に天皇さえ悪道に堕ちると説かれたのはなぜか

愛宕山　京都府京都市右京区

かつて貴人の隠れ里だった山

二〇二二年の九月、わたしはいくつかの用事を抱えて京都に滞在していましたが、台風の接近で予定していた会議が突然中止となり、丸一日ぽっかりと時間が空いてしまいました。朝に空をみると晴れ間がのぞいており、風も弱く、日中はなんとか天気がもちそうです。このチャンスに、急遽、前から行ってみたかった愛宕山《あたごさん》に登ることにしました。

山頂に愛宕神社のある愛宕山は、標高九百二十四メートルの京都の最高峰です。京都の北西部（京都市右京区）に位置し、市内のどこからでもその特徴ある山容を目にすることができます。大文字山と鷹峯《たかがみね》をはさんで、北東に位置する比叡山とは対称の位置にあります。地図でみると、愛宕山と比叡山は京都から北に向かって突き出した二本の角のようです。

　京都駅から山陰本線に乗ったわたしは嵯峨嵐山駅で降車すると、嵐電《らんでん》嵐山駅前まで歩いて、清滝行きのバスに乗り込みました。このバスの終着駅の清滝が、愛宕神社の表参道の登山口になります。ここから約四キロ、標高差八百五十メートルを歩いた先が、目的の神社です。

京都最高峰の標高924mにある愛宕神社の黒門

　旅館や土産物店のある麓の集落を抜け、金鈴橋《きんれいきょう》を渡って鳥居をくぐると、照葉樹林のなかの急勾配の上り坂が始まります。神社の参道ということもあって、よく整備された歩きやすい階段道です。市中の予想最高気温は三十二度で、時折湿気を含んだ風が吹き抜けます。
　きつい坂道を一時間弱歩いて、五合目の東屋に到着しました。それまで稜線をまっすぐに登っていた道は、ここから山腹を巻くようなルートに変わって傾斜も緩くなります。見晴らしも出てきて、ようやく山歩きを楽しめる気分になってきました。

参詣道の前方に神社の黒門が現れます（前頁の写真）。そこを抜けて進み、最後に急な石段を登った先が愛宕神社です。途中から霧が出てきて見通しが効かなくなり、社殿は完全に雲の中でした。上着を羽織らないと肌寒く感じられる気温です。

帰りは、表参道の途中にある「水尾別れ《みずおわかれ》」から別ルートに入って、山の南に位置する水尾の里を目指すことにしました。水尾は古代から天皇や貴族が遊ぶ隠れ里で、清和天皇はここを気に入って終焉の地に選んでいます。中世には遁世者が隠棲する場所でもありました。

杉の植林地を貫く急坂をひたすら降りると、突然視界が開けて、たわわな緑の実をつけた柚子《ゆず》の畑のなかに飛び出します。ここが水尾です。現在は柚子の里として知られています。柚子風呂が有名らしく、入浴と食事の案内の出ている宿がありました。

水尾からは地元の自治会が運営しているバスがあり、二百五十円を払うと四キロ先のＪＲの保津峡駅まで、だれでも利用することができます。バスから降りて見上げた保津峡駅の上空には、台風前とは思えない青空が広がっていました。

廃仏毀釈でお寺が神社になり

愛宕神社は全国に九百社を数える愛宕神社の本社です。火伏せ（火事除け）に霊験のある神社として知られています。京都の愛宕神社では、毎年七月三十一日夜から八月一日の早朝にかけて登山・参拝する「千日通夜祭《せんにちつうやさい》」が行われます。このときに参詣すると千日分の火伏せのご利益があるといわれており、夜を徹して参詣の人々が道を埋め尽くします。

愛宕山はいまでこそ神の山として知られていますが、江戸時代までその主役は白雲寺（天台宗）というお寺でした。白雲寺については、大宝年間（七〇一～〇四）に役行者と泰澄によって開かれたという伝承がありますが、史料でその起源を裏付けることはできません。平安時代になると京都を取り巻く「七高山《しちこうざん》」が定められ、鎮護国家の祈祷が行われるようになります。愛宕山は比叡山・伊吹山・比良山などとともに、そこに名を連ねています。

平安時代の後期に入って神仏習合が進むと、愛宕山の住人である天狗の太郎坊は奥の院に祀られ、本殿にはその本地仏の勝軍地蔵が安置されます。僧侶の住む坊も次々と新設され、大掛かりな寺院へと発展していくのです（上の図）。

愛宕勝軍地蔵の神札（護符）

愛宕山の歴史でよく知られている事件が、本能寺の変（一五八二年六月二日）直前の明智光秀の参籠です。大吉が出るまで何度か籤《くじ》を引いた光秀は、山上で催された連歌の会で「ときは今あめが下《した》しる五月かな」という発句を詠むのです。

「しる」には治めるという意味があります。梅雨の季節の何気ない光景を詠《よ》んだようにみえるこの句には、いまこそ信長を倒して天下を支配する（天が下知る）という、光秀の揺るぎない決意が込められていました。天下の情勢を一変させるような重要な決断を、光秀は愛宕の神の前で下していたのです。

人々の信仰を集め、歴史を変える舞台ともなった白雲寺ですが、明治維新の神仏分離令で寺の役割を終え、愛宕神社として再出発を遂げます。本殿にあった本地仏の勝軍地蔵はその折に天台宗金蔵寺《こんぞうじ》（京都市西京区）に移され、現在も大切に祀られています。

いまは山上の社殿以外に建物も少なく、普段は参詣者の姿もまばらな愛宕山ですが、近代の一時期、たくさんの行楽客が押し寄せたことがありました。その引き金となったのが一九二九（昭和四）年に開通する、嵐電の嵐山駅と愛宕山中腹の愛宕駅を結ぶ愛宕山鉄道です。

嵐山駅を出た電車の乗客は、現在のバスの終点にあった清滝川駅でいったん降車し、金鈴橋を渡った先でケーブル線に乗り換えます。その終点の愛宕駅は山の八合目にあって、レストランや土産物店が併設されていました。開通に合わせてスキー場やテント村が設けられました。翌年にはホテルや遊園地が開業し、たくさんの行楽客が押し寄せたといいます。現在の比叡山を思わせるような、山上の楽園が出現したのです。

しかし、日中戦争（一九三七～）以降の戦時下の情勢のなかで、しだいに通常の運営が困難となります。一九四四（昭和十九）年には軍需物資の不足を補うために、レールを軍に供出して廃線となり、すべての観光施設も閉鎖されました。

愛宕山鉄道が廃止されて八十年近い歳月が過ぎましたが、その痕跡は現在も愛宕山一帯に残されています。清滝バス停の直前に一方通行の狭いトンネルがありますが、もともと電車用に造られたものでした。山中にも往時の建物や索道跡があって、いまは有名な心霊スポットとなっています。

『太平記』に記された未来記

京都の人々に親しまれる愛宕山には、あまり知られていないもう一つの顔があります。悪道に堕ちた死者が集う地という伝説です。南北朝の内乱を描いた『太平記』には、雲景という人物が北朝政権に提出した「未来記」（予言の書）と、それが作成されるに至った経緯が記されています。

一三四九（貞和五）年閏六月二十日のことです。諸国遊行中の羽黒山の山伏・雲景は、天龍寺見物を思い立って京の西郊に向かいますが、途中で知り合った年配の山伏の勧めるままに、愛宕山に同行します。訪れた愛宕山は、その言葉にたがわず、華麗な仏閣が建ち並ぶ聖地でした。山伏は感激する雲景を、本堂の裏にあるさらなる秘所へと誘います。

座主の坊とみえる建物の広間には、みるからに身分の高そうな貴人や高僧が数多く集っていたのです。その上座にいるのは、金色をした大きな鵄《とび》でした。その右脇には、身の丈八尺はあろうかという巨漢が、大弓大矢を横たえてかしこまっていました。左手には天子の装束をした人々が、金の笏《しゃく》をもって居並んでいました。驚きを隠しきれないまま、この座の由来を訪ねた雲景に、案内役の山伏は一座の人物の素性を一人ひとり説明していきました。

「上座におられる金の鵄は、讃岐の国で崩御された崇徳院にてあらせられます。その傍らの偉丈夫は武勇の誉れ高き源為朝公。左手に連なるは淳仁天皇・井上皇后・後鳥羽院・後醍醐院ら代々の帝王。みな死後悪魔王の棟梁となられた、やんごとなき賢帝たちにござります。

その次にましますは僧綱は、玄昉・真済・寛朝・慈慧・頼豪・仁海・尊雲らの高僧たち。同じく大魔王となってここに集い、天下を乱すべき評定の最中にございます」

恐怖のあまり座敷の片隅で身をすくめていた雲景に、一座の長老と目される山伏が話しかけてきました。この宿老こそは、その名も高い愛宕山の大天狗、太郎坊その人でした。太郎坊は雲景に、いま起こっている戦乱の背景を解説します。

雲景がさらに天下の治乱の帰趨《きすう》を尋ねようとすると、突然猛火が起こって、巻き込まれた座中の人々は七転八倒しました。雲景も逃げ出そうとするのですが、ふと気づくと、愛宕山にいたはずの彼は、いつのまにか内裏の旧跡に立っていました。

のちによくよく思案してみると、雲景が天狗の世界に入り込んだことは明らかでした。今後の用心のためにもこの話をぜひ語り伝えるべきだと考えた雲景は、事件の顛末を詳細に記し、熊野の牛王宝印（神札）の裏に誓文を書き添えて、伝奏《てんそう》（天皇への取次役）を通じて上呈するのです。

天皇の堕地獄

この話で興味深いのは、崇徳・後鳥羽・後醍醐といった歴代の天皇と著名な高僧が、死後に愛宕山で一堂に会している点です。「悪魔王の棟梁」となった、猛火に包まれて苦しんでいる、といった記述から、悪道に堕ちた人物たちであることが読み取れます。邪悪な道に迷い込んだ権力者が愛宕山に集い、太郎坊と共に世を乱す計画を算段しているというのが、『太平記』の描く泥沼化する内乱の原因だったのです。

わたしたちは天皇というと、神代から連綿と続く聖なる地位というイメージをもちがちです。しかし、ここに登場する天皇はそれとはまったく違います。中世まで遡ると、罰を受けて悪道に堕ちる天皇は少しも珍しくなかったのです。院政期（平安末期）に成立する『扶桑略記《ふそうりゃっき》』には、九四一（天慶四）年の出来事として、道賢という僧が金峰山において修行中に仮死状態に陥り、その間に冥界を巡見した話が収められています（『道賢上人冥途記』）。道賢は地獄にも立ち寄りましたが、彼がそこで目にしたものは、父宇多法皇に対する不孝、無辜《むこ》の賢臣菅原道真の処分など、在位中に犯した罪によって裸同然の姿で責め苦を受ける醍醐天皇とその臣下の姿でした。『松崎天神縁起』にはこのエピソードを受ける形で、醍醐天皇が地獄で火責めの刑に遭って黒焦げになったシーンが描かれています。

醍醐天皇と並んで、地獄に堕ちた天皇として知られている人物が皇極帝でした。『善光寺縁起』には、善光寺の創設者である本田善光の長男善佐が大焦熱地獄で、「驕慢《きょうまん》」と「嫉妬」の罪で地獄に連行されている途中の皇極天皇と出会った話があります。

この逸話は『善光寺如来絵伝』として絵画化され、中世後期にはその絵解きも行われるようになります（左の図）。

前近代の日本では、仏教など天皇を超える宗教的権威の実在が広く承認されており、それに逆らった場合は、天皇でも堕地獄の運命を避けることはできなかったのです。

中世作成の『善光寺如来絵伝』に描かれた地獄に堕ちた皇極天皇の図（『国文学解釈と鑑賞』55-3、1990年）

至高の聖性を身に帯びた「神国日本」の主役としての天皇のイメージは、十八世紀ごろから徐々に社会に浸透し始めるものでした。本居宣長以降、国学者などの間では日本を天皇の君臨する「皇国」とする言説が用いられるようになります。「日本人」が身分や地位に関わりなく、天皇を戴く運命共同体を形成していることが説かれていくのです。

それがエスカレートして、天皇が神聖不可侵の「現御神《あきつみかみ》」であることが強調されるのは、近代に入ってからの現象でした。身分制が解体して生まれたバラバラな「国民」を国家に統合するために、その中心としての天皇の宗教的権威はどこまでもエスカレートしていく必要があったのです。

天皇という制度が古代から存在していたとしても、その実態と機能は時代によって大きく変化してきたことを、『太平記』のエピソードは教えてくれるのです。

愛宕山が邪悪な山とされたゴシップ

愛宕山を邪悪な者たちの住処と捉える背景には、愛宕山方面で発生した雷雲が街の中心部に押し寄せるという、土地の人たちが日常的に目にしていた自然現象がありました。これに関連する有名なエピソードとして、醍醐天皇の時代に起こった宮中清涼殿への落雷事件があります。九三〇（延長八）年六月二十六日、愛宕山からの黒雲が京中を覆い尽くし、落雷が清涼殿で会議を行っていた公卿を直撃しました。これによって大納言藤原清貴《きよたか》をはじめとする何人かの公卿が死亡し、多数の人々が負傷しました。醍醐天皇もこの出来事が原因となって、命を落とすことになります。

これより先、宇多天皇に重用されていた菅原道真が、ライバルだった藤原時平の讒言《ざんげん》によって九州の大宰府に左遷される事件が起こりました。道真は、九〇三（延喜三）年に配流先で亡くなります。

その後、時平をはじめこの陰謀に加担したとされる公卿たちに、次々と不幸な運命が襲いかかります。やがて世間に、これが怨霊となった道真の祟りだという噂が広まります。宮中への落雷もその文脈で解釈されることになったのです。

先に紹介した地獄で苦しむ醍醐天皇の話も、同じ流れから生まれたゴシップでした。こうした出来事が重なって、愛宕山には世を乱す怨霊の住む世界があり、その領袖が太郎坊であるというイメージが定着することになったのです。

菅原道真はほどなく怨霊から神へと昇格を遂げ、中世には十一面観音の垂迹《すいじゃく》として広い信仰を集めるようになります。愛宕山の太郎坊もまた善悪を超えたその強烈なパワーに対する期待が強まり、江戸時代以降は病気平癒から商売繁盛まで、京畿の衆庶の多彩な願いを受け止める神として名を馳せるようになるのです。

14 『源氏物語』の作者紫式部の墓所を訪ねて分かるかつての日本人の死生観

紫式部の墓　京都府京都市北区

紫式部の墓と小野篁の墓

日本で暮らしていて『源氏物語』という名を一度も耳にしたことのない人は、たぶんいないのではないでしょうか。美男の貴公子、光源氏の生涯を描いた『源氏物語』は、日本初・世界最古の長編小説としてあまりにも有名です。

いくつもの言語に翻訳されて世界中の人々に愛読されるとともに、国内では能・歌舞伎といった古典芸能から現代の小説・漫画・テレビドラマに至るまで、さまざまな媒体で繰り返し翻案され、たくさんの人々に親しまれてきました。二〇二四年のＮＨＫの大河ドラマ、「光る君へ」も『源氏物語』を素材としたものです。しかし、その作者である紫式部の墓が京都にあることを知っている方は、それほど多くないと思います。

二〇二三年一月の寒い朝のことです。わたしは堀川北大路にある彼女の墓を訪ねてみました。地下鉄烏丸線の北大路駅に隣接するバスターミナルからは、墓所のすぐ近くを通るバスが出ていますが、歩いても十分程度の距離です。駅から地上に出たわたしは、むら消えの雪の北大路通りを徒歩で西に向かいました。

五輪塔と円墳が設けられた紫式部の墓（京都市北区）

北大路はやがて堀川通りにぶつかります。交差点を渡って堀川通りを南に少し下ると、右手に島津製作所の広い敷地が続きます。紫式部の墓は通りから工場の敷地に入り込んだ場所にあります。

堀川通りに面した入り口は狭い路地になっています。「紫式部墓所」と刻まれた石碑がありますが、気づかないまま通り過ぎてしまいそうな目立たない場所です。路地を突き当たりまで進むと少しひらけた場所があり、紫式部の墓碑が立っています。その背後に土を盛った小さな円墳があり、その上に石造りの五輪塔が載っています（前頁の写真）。

紫式部の墓の隣には、寄り添うようにもう一つの墳墓があります。平安初期の貴族、小野篁《おののたかむら》の墓です。篁はさまざまな逸話に富んだ人物として知られています。昼間は朝廷に仕えて役人としての生活を送り、夜には冥界に赴いて閻魔王を手伝っていたという伝説があります。六道珍皇寺には、篁が冥土通いに使ったという井戸が残っています（第3章「六道珍皇寺」参照）。

なぜ両人の墓がこの地に並んであるかは不明です。二人の生年は百年以上隔たっており、直接の接点は存在しません。後でも触れますが、紫式部には死後、地獄に堕ちたという風聞がつきまとうようになります。一説には、紫式部を救い出すために、地獄に顔の利く小野篁のそばに紫式部を葬ったとされますが、その真偽を検証する術はありません。

死者の霊魂はどこへ行くのか

紫式部の墓の話に戻りましょう。これが本当に紫式部の墓であるとすれば、マウンドの下には彼女の遺体（おそらく火葬骨）が眠っていることになります。

紫式部は十世紀から十一世紀にかけての時期を生きた人物です。その時代は墓を作っても、現代のように故人の名を刻んだ墓碑を建て、人物ごとに供養を継続するという習慣はありませんでした。

同時代の有名な墓地として、宇治の木幡に残る藤原氏一族の墳墓群があります。墓は残っていても、どれが誰のものなのか判別することはできません。紫式部と親交があった当時の最高権力者・藤原道長の墓でさえ、もはや正確な場所を特定できない状態なのです。

紫式部の墓の所在地は、船岡山山麓に広がるかつての葬送の地・蓮台野に続く場所でした。そこにあった埋葬者不明の墳墓の一つが、ある時期に紫式部と結びつけられた可能性が高いと考えられます。紫野という地名が紫式部を連想させたのではないか、という指摘もあります。

古代の日本では、人間は霊魂を内に宿した存在で、その魂は容易に肉体を抜け出して中空をさまようものと考えられていました。

物思《も》へば沢の蛍も我が身より
あくがれ出《い》づるたまかとぞ見る

恋煩いの和泉式部が、貴船神社に参籠して詠んだ歌です。沢を舞う蛍を、和泉式部は思い悩むわが身から離れた魂とみるのです。

たまにフラフラと霊魂が抜け出す程度ならまだいいのですが、問題はそれが帰還しない場合です、古代人にとって死とは、肉体を出た遊離魂が二度と戻らない状態を意味しました。

死が確定した人物の魂は、一箇所に留まることなく、中空をさまよい歩くイメージで捉えられていました。時には木の枝に止まり時には空中を自在に飛翔する、鳥のような存在だったのです。そのため、死者の魂がいつまでも墓に残っていることはありませんでした。古代の死者が容易に匿名化し、墓が紛れてしまう原因はそうした死生観にあったのです。

紫式部の時代には、死者の匿名化をさらに後押しするような動きが強まっていました。浄土信仰の流行です。藤原道長は九品の阿弥陀仏を本尊とする法成寺を建立し、御堂《みどう》関白とよばれました。その子の頼通はいまも宇治に残る平等院を造っています。浄土信仰はこれ以降中世にかけて全盛を極めますが、その理想は死後、他界にある浄土に往生することでした。この世に留まる死者は、しだいに不幸な存在とみなされるようになっていくのです。

こうした時代状況のなかでは、たとえ紫式部の墓が建立されたとしても、それを長く記憶に留めたり、供養が継続されたりすることはありませんでした。彼女の墓はいったん忘れ去られた可能性が高いのです。十四世紀に著された『源氏物語』の注釈書である『河海抄《かかいしょう》』には、紫式部の墓が「雲林院白毫院の南、小野篁の墓の西にある」という記述があります。このころには、現在の墓地が彼女と結び付けられていたようです。

スターにされた紫式部の役割

紫式部の生没年は特定できませんが、西暦の九七〇年代に生まれたと考えられています。没年は一〇一〇年代と推定されています。五十歳に届かない人生でした。

平安末期に作られた『源氏物語絵巻』の若紫
（別冊太陽『源氏物語絵巻五十四帖』平凡社）

一度結婚し、一女を儲けますが、ほどなくして夫と死別します。その後、藤原道長の要請によって宮中に入り、彼の娘であった一条天皇の皇后・彰子《しょうし》に女房として仕えます。その宮仕えのなかで書かれたものが、『源氏物語』と『紫式部日記』でした（写真）。

日本は古い時代から物語の国でした。平安時代だけをとっても、『竹取物語』をはじめ数多くの物語が創作され、いまに伝えられています。それらの作品のなかで、『源氏物語』が質量ともに群を抜いたものであることは大方の認めるところです。

しかし、『源氏物語』の特色はそれだけではありません。それ以外のすべての物語は作者名がわかっていません。唯一『源氏物語』が作者の確定している作品なのです。さらに彼女の日記などを通じて、その制作の動機や経過までを窺い知ることのできる、極めて珍しいケースなのです。

女性が物語の創作に関わることを忌避する風潮のなかで、あえて紫式部が名前を出した背景には、藤原道長の戦略があったと指摘されています（横溝博「『源氏物語』の勝利」『日本古典文学を世界にひらく』勉誠出版、二〇二二年）。

紫式部と並ぶ平安時代の代表的な女流作家に清少納言がいますが、彼女が仕えたのは一条天皇の中宮（皇后の別名）・定子《ていし》でした。清少納言は、機知に富んだ表現で、定子の聡明さと彼女を中心とする教養溢れた宮中サロンの様子を『枕草子』に書き綴りました。

しかし、定子のサロンの全盛期が長く続くことはありませんでした。定子の父であった藤原道隆が急逝し、代わって権力を握った弟の藤原道長が、その娘の彰子を中宮として一条天皇に入内《じゅだい》させるのです。定子自身も二十四歳の若さで一〇〇〇（長保二）年に亡くなります。

新たに権力の中心に上り詰めた道長は、自身と彰子を中心とする新たな宮廷サロンの創設を目指しますが、そのためには、かつての定子のサロンにおける清少納言のようなスター性を備えた発信者が必要でした。その役割を与えられたのが、紫式部にほかなりません。彼女が紫式部の名でもって物語を創作し、その情報を積極的に公開していった背景には、そうした事情があったと推定されるのです。

紫式部自身もみずからその戦略に加担しました。その日記に記された清少納言に対する辛口の人物評は有名ですが、彼女はこの時代の女性には珍しくかなりはっきりと自分の意見を表明する人だったようです。また、普通は女性が読まない『日本書紀』などの漢文の典籍にも精通していて、そのことを隠そうともしませんでした。

道長に重用され、豊かな文才と知識を備えた紫式部は、女房たちの憧れの存在であると同時に、嫉妬の対象ともなりました。彼女と同僚だった左衛門の内侍という女房は、皮肉を込めて紫式部に「日本紀《にほんぎ》の御局《おつぼね》」というあだ名をつけたといいます。狭い宮中の複雑な人間関係のなかで、紫式部は華やかなスポットを浴びるだけでなく、気疲れのする日々を過ごしていたにちがいありません。

仏縁の書になった『源氏物語』

平安時代は宮中に仕える女性たちが、光り輝いていた時代でした。けれども、彼女たちが宮中を去った後の晩年の生活ぶりはほとんど知られていません。小野小町のように、没落して放浪し、行き倒れて亡くなったといった、ゴシップまがいの伝承が広く人口に膾炙《かいしゃ》するのです。それは紫式部についても例外ではありませんでした。中世になると彼女が死後地獄に堕ちたという伝承が広まり、彼女を救い出すための儀式まで行われるようになるのです。

紫式部の堕地獄譚が現れる早い例に、院政期の『宝物集』や鎌倉時代の『今物語』といった説話集があります。ある人の夢に輪郭も定かでない人物が現れます。それが地獄に堕ちて苦を受けている紫式部だというのです。

彼女の堕地獄の原因は、「虚言《そらごと》」を集めて人の心を惑わした、というものでした。『源氏物語』はフィクションであり、そこに描かれたのは虚構の世界でした。物語の創作が仏道の否定する「狂言綺語《きょうげんきご》」（嘘偽り）に当たるため、その報いを受けているという論理です。また『源氏物語』は男女間の目眩《めくるめ》くような性愛を描いていますが、それが若い男女に劣情を催させ、道を踏み外させてしまうと非難されるのです。

紫式部が地獄にいるという風聞が広まるにつれて、彼女を悪道から救い出そうという試みがなされるようになります。「源氏供養」という儀式です。そこでは彼女の解脱を願って願文や表白文が読み上げられます。現存する代表的な作品が、唱導の名手として名高い聖覚の手になる「源氏一品経表白」です。

興味深い現象は、紫式部の堕地獄譚が説かれる一方、彼女が実は石山寺の観音の化身であり、『源氏物語』も人々を仏道に結縁させるために書かれたものという伝承も広まっていくことです。室町時代の能「源氏供養」を取り上げて、二つの対照的な紫式部観がどのように融和させられているかを見てみることにしましょう。

舞台は石山寺です。安居院《あぐい》の法印が参詣のために石山寺に向かっていると、一人の女性が現れ、自分は『源氏物語』を書いたが、嘘にまみれたその本の供養を怠ったために地獄に堕ちたと語ります。そして、石山寺で彼女と物語の供養をしてくれるよう、法印に頼むのです。

石山寺に到着した法印が自身の仏事を終えたとき、すでに夜も遅い時間となっていました。昼間出会った女の言葉を思い出して、供養をなすべきか迷っている彼の前に出現したのが、紫式部の幽霊です。彼女の願いに応えて源氏供養を終えた法印に、式部は布施として何を渡せばいいか尋ねますが、法印が望んだのは彼女の舞でした。扇を手にした紫式部の幽霊によるこの世とあの世の境界を漂うような舞が、この舞台のクライマックスとなります。

紫式部は法印に、自分はこの石山寺に籠って『源氏物語』を執筆したこと、その罪によっていまも妄執の世界を彷徨っていることを語ります。その上で、『源氏物語』が書かれた巻物を法印に渡し、その料紙の裏に『法華経』を書写することによって、光源氏と自分の供養をしてほしいと頼みます。

目的を果たした紫式部は世の無常を嘆いた後、自分が石山寺の観音の化身であり、この世の儚《はかな》さを人々に知らせるための方便として『源氏物語』を書いたことを明かすのです……。

紫式部石山観音化身説への展開

石山寺は琵琶湖から流れ出る瀬田川を見下ろす景勝の地です。京阪石山坂本線の石山駅を降りて、瀬田川沿いに歩いて十分ほどの距離です。道に沿って桜並木があり、花の季節には桜吹雪のなかの散策を楽しむことができます。

境内には寺名の由来となった巨石の露頭があります。石山寺は平安時代、清水寺・長谷寺と並ぶ参籠のメッカでした。数多くの貴族の女性がこの地を訪れては祈願を凝らしました。

鎌倉時代に制作された『石山寺縁起絵巻』には、『蜻蛉日記』の作者・藤原道綱母《みちつなのはは》が不仲だった夫との復縁を願って参籠した場面が描かれています。同じ絵巻には、石山寺を訪れる菅原孝標女《たかすえのむすめ》の一行が逢坂の関を越えるシーンがあります。明け方にまどろんだ彼女の夢に、本尊の化身である僧が現れて麝香《じゃこう》（香料）の包を授けます。

紫式部も物語の構想を練るために石山寺に籠りました。絵巻には、参籠明けの紫式部が夜明けの湖を眺めている姿があります。詞書《ことばがき》には、彼女が『源氏物語』を書いた部屋が「源氏の間」と名付けられ、そのまま残されていると記されています。紫式部が「観音の化身」であるという言葉もあります。紫式部の石山寺参籠が彼女の代表作である『源氏物語』の制作と結び付けられ、さらに紫式部石山観音化身説へと展開していったプロセスを推測させます。

石山寺の本堂の一角には、この「源氏の間」が絵巻のままの形で残されており、人形によって紫式部が『源氏物語』を執筆している様子が再現されています。

15

多くの問題をはらむ「地獄」の教えになぜ今日でも人は関心を寄せるのか

別府の地獄めぐり　大分県別府市

市内に地獄が七カ所もあるわけ

二〇二〇年の晩夏のことです。研究者仲間から九州の求菩提山《くぼてさん》の調査と研究会にお誘いいただいた機会に、九州北部の史跡と名勝を巡る旅を計画しました。仙台から福岡空港まで飛行機を利用し、空港でレンタカーを借りて求菩提山（福岡県）から宇佐・豊後高田・別府（大分県）を経て、阿蘇山（熊本県）まで足を伸ばそうという壮大なプランでした。天候にも恵まれ、宿泊先では友人や教え子たちと久しぶりの食事を共にすることができて、とても充実した旅になりました。

別府では、前からぜひ一度見てみたかった地獄めぐりに挑戦しました。大分県は温泉大国日本のなかでも、もっとも源泉数の多い県です。温泉リゾート地として有名な別府周辺は、至る所にお湯が湧き、水蒸気が吹き出しています。

「川原毛地獄」（第12章）や下北半島の恐山がそうだったように、日本では熱泉の噴出する荒涼とした場所を「地獄」と形容する習慣が広く行われています。別府ではこの地獄が市内に七カ所存在し、それぞれ海地獄・血の池地獄・龍巻地獄・鬼石坊主地獄・かまど地獄・鬼山地獄・白池地獄と命名されています。それらを管理する施設が「別府地獄組合」を結成し、共通観覧券を発行して観光客の便宜を図っています。

別府市内の七地獄の一つ「海地獄」

わたしは車を使いましたが、路線バスで回ることもできます。タクシーを利用する人も多いようです。いくつかの地獄には足湯がついていて、見学後にしばしゆったりした気分に浸ることができます。

別府の地獄の特色は、湯量の豊富さと噴出温度の高さに加えて、それぞれがもつ多様な個性にあります。まず色が異なります。代表的な地獄である海地獄は、まさに南の海を思わせる鮮やかなコバルトブルーです（前頁の写真）。血の池地獄と白池地獄はその名称から想像できる通りに、赤と白が基調になっています。龍巻地獄は間欠泉であり、鬼石坊主地獄の名称は、熱泥がボコボコと丸く吹き出す様が坊主の頭に似ていることからついたものだといわれています。

別府の地獄は古い時代から有名だったようです。奈良時代の初めに編纂された『豊後国風土記』には、この地にあったという二丈ほど湯を噴き上げる間欠泉についての記述があります。『風土記』の時代にはまだ「地獄」というネーミングはありませんでしたが、熱水が噴出する異様な光景は古代から広く認知されていたのです。

目の当たりにした血の池地獄

数多い別府の地獄のなかでも、いろいろな意味でわたしがもっともインパクトを感じたものは血の池地獄でした。『風土記』にはこの地獄についての描写もみられます。周囲は十五丈（四十五メートル）、湯の色は赤く、人々はその泥を掬って家の柱に塗っていると書かれています。古くから木の腐食を防ぐために湯泥が利用されていたようです。

駐車場から歩いて血の池地獄に向かうと、「地獄の入口」と屋根に大書された門がみえてきます。この門を大きな赤鬼が守っています。鬼のお腹には営業時間が書かれており、強面の地獄の門番というよりは、訪問者を歓迎してくれるゆるキャラのようです。

血の池地獄には専用のホームページがあり、地獄の内情がとても分かりやすく、ユーモアたっぷりに紹介されています。そこに「血の池地獄モデルコース」が掲載されています。これを参照しながら、実際に血の池地獄を歩いてみることにしましょう。

推奨モデルコースによれば、門をくぐった次の手順は「地獄への切符を購入」です。チケット売り場の先には、お土産物などを扱った結構な広さの売店があり、そこを抜けるといよいよ血の池地獄との対面です。モデルコース案内では、「血の池地獄に落ちる」と表現されています。

血の池地獄を目の当たりにして、まず驚かされるのはそのスケールです。千八百平方メートルもの赤褐色の水面が広がり、表面からは激しく蒸気が立ち上っています。水温は七十八度です。一日当たり千八百キロリットルにおよぶ豊富な湧出量が、この広大で高温の地獄を維持しているのです。驚くべきはその深さで、水深は三十メートル、その下にある泥を含めるとどれほどになるか分からない、という説明です。地獄にまで届いているといっても納得してもらえそうな深さです。

　地獄マニアのわたしは、これまでけっこうな数の地獄を巡り歩いてきましたが、これほど大きなものを目の当たりにしたのは初めてです。収容定員もきっと群を抜いて多いに違いありません。

　池の周りには周回コースがあり、道沿いには小さなお店があります。ここで売られているのが、「血の池軟膏」（写真）です。推奨コースには、このお店で「血の池軟膏を買う」とあります。この軟膏は血の池地獄の泥から抽出した成分で作られた薬で、水虫・あかぎれ・ひびなど皮膚病全般に効くとされています。明治時代から売られていた伝統あるお薬です。

「血の池軟膏」の袋

　薬師如来を拝んで地獄から抜け出した後、推奨コースの最後に位置するのがレストラン極楽亭です。ここには名物の、「極楽プリン」が売られています。「赤ワイン風味でほんのり甘い、この世のものとは思えない、まさに極楽の美味しさ！」という宣伝文句です。「足湯に浸かってプリンを食べる」がここでの推奨イベントになります。これで地獄に始まり極楽に至る短い旅の終了となります。

この「極楽プリン」はこれまでわたしがみてきたなかでも、際立って個性的なご当地スイーツです。お寺に関わっておられる皆様からすると、突っ込みどころ満載の推奨コース案内かもしれませんが、しばし娑婆世界を離れて楽しい時間を過ごすことができました。

源信はなぜ地獄を説いたのか

「受験地獄」というように、わたしたちは「地獄」という言葉を日常的に使用しています。そもそも、地獄とはいったいどのようなものだったのでしょうか。

地獄とは、一言でいえば、悪行をなした者が行くべき地です。日本の地獄のイメージは主に仏教に由来するものですが、キリスト教にもイスラム教にも地獄の概念は存在します。その対極にある場所が、善行を重ねた者を迎え入れてくれる浄土や天国です。

仏教では、地獄は必ずしも死後の世界に限定されていませんでした。生きながら地獄に堕ちることもあるのです。しかし、大衆に受容されていく過程で、死者が裁きを経て送り出される悪所という認識が定着していくことになります。

地獄の観念が日本に広まっていく上で大きな役割を果たしたのが、平安中期の天台僧・恵心僧都源信です。末法思想が流行し、人々の間で死後のゆくえについての不安が高まるなか、源信は『往生要集』を著し、念仏による確実な浄土往生の成就を論じました。後の法然・親鸞へと続く浄土信仰の道筋が、源信によって定められるのです。

しかし、源信の功績は浄土信仰の宣揚にとどまりませんでした。彼は『往生要集』において、「欣求浄土」の前提として「厭離穢土」の重要性を主張します。心の底から極楽往生を願うためには、この世が厭い去るべき穢土であることをしっかりと認識することが必要である、と説くのです。

そのため、源信は『往生要集』冒頭に「厭離穢土」の章を設け、六道輪廻を繰り返す現世の苦難について論じます。地獄から天界に至る六道のなかでも源信が力を入れて書いたのが、地獄で受ける責苦の凄まじさでした。彼は地獄の様相が説かれている『正法念処経』という経典に依拠しながら、地獄のありさまと罪人がそこで受ける生々しい懲罰の様子を詳細に描いていくのです。

堕地獄を命じられた人間は、犯した罪の重さによって等活・黒縄・衆合・叫喚・大叫喚・焦熱・大焦熱・無間《むけん》の八種の地獄に振り分けられます。地獄は地面の下に層をなして存在していて、下に行けば行くほど責苦はきびしくなります。最下層にあるのが、もっとも重い罪を背負った人間が堕ちる無間地獄です。

この地獄は「無間」という言葉が示す通り、間断なく獄卒から責め続けられる場所です。源信は、罪人がその罪の代償として背負うべき地獄の苦痛を極限までリアルに描写することによって、人々の思いを対極の世界である浄土に向けさせようと試みるのです。

仏教の地獄を描いた代表的な作品である『往生要集』に対し、キリスト教の説く地獄のありさまを再現した代表的な作品として、ダンテの『神曲　地獄篇』があります。

ダンテは十三世紀に生まれたイタリアの詩人で、地獄篇はダンテが地獄・煉獄《れんごく》・天国を旅し、そこで見聞した内容を記したという体裁を取っています。地獄篇でも地獄は層をなして存在し、下に行くほど重罪の者が送られ、責苦もきびしくなるとされています。洋の東西は異なっても、人間の想像力は意外と似ているのかもしれません。

清少納言や後白河上皇の事績

地獄のイメージを大衆に定着させる上で大きな役割を果たしたのが、それを視覚化した六道絵と地獄絵でした。『往生要集』に描かれた悪道の様子が刺激的な描写の絵画に仕立てられ、人々にインパクトを与えていくのです。

地獄絵は源信の時代に、すでに制作されていたようです。源信にやや遅れて、ほぼ同時代を生きた清少納言の、『枕草子』には、「地獄絵の御屏風」の話が出てきます。

仏名会の翌日のことです。一条帝が中宮定子にみせるために、仏名会で使われた地獄絵の屏風を持参します。清少納言がそれを気味悪がっているのを面白く思って、わざとよくみるように強いるので、自分の局《つぼね》に引っ込んでしまったというエピソードです。

仏名会は仏の名を唱えて、自身の滅罪を祈願する行事です。日本では平安時代から宮中の恒例行事となり、会場には地獄絵を描いた屏風が立てられました。『枕草子』の記述から、その絵がかなり不気味で、恐ろしいものであったことがわかります。

地獄絵は中世に入って流行をみせ、さまざまなタイプの絵画が作られるようになります。その先駆けとなったのが、後白河上皇による地獄絵の制作でした。

第七十七代天皇となり、退位後は三十年以上にわたって院政を敷いた後白河上皇は、全盛を極めた平氏と駆け引きを繰り返しながら王朝権力の復興に尽力した人物でした。権謀術数の人として知られる後白河上皇でしたが、熊野詣を繰り返し、今様を集めた『梁塵秘抄《りょうじんひしょう》』を編纂するなど、信仰や文化にも深い関心を示しました。その上皇が「六道絵」をはじめとするたくさんの絵巻物を作らせ、蓮華王院（現在の三十三間堂）の宝蔵に納めたという記録があるのです。

現在、東京国立博物館などに残る『地獄草紙』がその六道絵の一部にあたるといわれています。『地獄草紙』にはたくさんの地獄が描かれていますが、ここにお示ししたのは国宝の「函量所《かんりょうしょ》」という地獄の様子です（写真）。

この地獄は八大地獄に付随する別所地獄の一つで、枡目をごまかして不正な商売を行った者が堕ちるとされているところです。三人の男女が素手で焼けた枡をもち、溶けた鉄を計量するという責を受けています。残酷なシーンですが、人々の苦悶に満ちた表情、燃え盛る炎、罪人を監視する三つ目の鬼婆のありさまなどが、伸びやかな筆致できわめてリアルに描かれています。当代を代表する大和絵の優作という評価を受けています。

国宝「函量所」（奈良国立博物館蔵／『日本の絵巻７　餓鬼草紙地獄草紙他』中央公論社）

後白河院が制作させた絵巻物では、ほかに『餓鬼草紙』『病草紙』『九相詩絵巻』などが現存しています。いずれも国宝級の逸品です。中央公論社の「日本の絵巻」シリーズをはじめ、いろいろな媒体で目にすることができますので、興味があればぜひ実際に手に取ってみてください。

地獄観がなぜ女性差別になったのか

このようなプロセスを経て日本に定着した地獄の観念ですが、人々に作善を勧めたことに加えて、見逃せないもう一つの重要な役割を果たしました。女性差別の正当化です。近世になると血の池地獄は女性だけが堕ちる場所とされ、その原因が女性固有の穢《けが》れにあると説かれるようになるのです。

そうした観念の普及に大きな役割を果たしたものが、十世紀以降に中国で作成されたといわれる『血盆経』です。そこでは、経血や出産時の出血で大地を汚した罪によって、女性が血の池（血盆池）地獄に堕ちることが説かれています。この経典が日本に伝来し、室町時代以降、血の池地獄といえば女性というイメージを民間に定着させるのです。

血の池地獄の信仰を全国に広めていったのが、列島を遍歴して絵解きを行った熊野比丘尼などの女性の芸能者たちでした。彼女たちが行った絵解きの代表的な素材として、「熊野観心十界曼荼羅」（41頁参照）があります。大きな一枚の紙に誕生から死にいたる人の一生と、地獄界から仏界までの十界の有様が描かれています。地獄の世界では、血の池地獄で苦しむ女性の姿があります。

江戸時代に作成された「立山曼荼羅」（154頁参照）にも血の池地獄があり、真っ赤な色をした血の池に浸かる女性たちがいます。『血盆経』の普及が、列島各地に立山や恐山など、この世の血の池地獄を生み出していくのです。

いうまでもないことですが、仏教には性別や身体的な要因で救済に差別を設ける発想はありません。日本で最初に正式な僧として認められたのは女性であり、初期の仏教教団では尼が主要な構成者を占めていました。

しかし、近世に入って人々の定住化と世代を超えて継承される「家」（イエ）の形成が進むにつれて、女性は家に従属して家族に仕えるものという観念と役割が強調されていきます。「五障三従」を宿命づけられた女性像の肥大化です。女性が堕ちる血の池地獄のイメージは、女性を差別するこうした社会構造に対応した理念として、江戸時代の社会に受容されていくのです。

第4部

失われた極楽浄土

16

死者の霊がいつまでも山中に留まった時代があったのはなぜか

弥谷寺　香川県三豊市

まだコロナウイルスが猛威を振い始める前の二〇二〇年三月、わたしは四国を訪れていくつかの霊場と史跡を巡りました。

仙台から空路愛媛県・松山に向かい、空港からはレンタカーを利用して、瀬戸内海沿いに高松まで往復しました。三月も下旬とはいえ、出発地の仙台空港を吹き抜ける風は身を切るほど冷たく、上空から眺める蔵王や周辺の山々は一面白い雪に覆われていました。松山空港では、霞がかかった空から柔らかな日差しが降り注いでいて、別世界に降り立ったような気分にとらわれました。

春の息吹を満喫しながらのこの旅で、心に残ったのは花です。満開の桜も素晴らしいものでしたが、より強いインパクトを受けたのは至る所に群れ咲く菜の花でした。畑一面を埋め尽くす蛍光色のあまりの鮮やかさに心惹かれて田舎道の端に車を停めて見入っていると、学生時代に愛読した樹村みのりの「菜の花畑」シリーズのシーンが、ふと蘇ってきました。

少女誌に掲載されていたこの漫画は、まあちゃんという少女とその家に下宿する四人の女子大生の日常を描くものです。登場人物のなにげない表情や一つ一つの会話がとても印象的で、読み終わるたびに、心の一番深くて硬いところが解きほぐされたような感覚を覚える作品でした。

この旅で、もう一つ昔の記憶が蘇ったものがありました。大学の一年生の時にみた『旅の重さ』という映画です。素九鬼子《もとくきこ》の小説を映画化したこの作品は、高橋洋子演じる十六歳の主人公が四国を放浪しながら、旅芸人の一座やさまざまな人々と触れ合い、最後は木村という中年男性と夫婦のような生活を送るまでのエピソードを描いたものです。

自然の風景や人々の暮らしぶりを、観賞者に実際にその場にいるかのような感覚をもたせる手法で描き出す映像の素晴らしさに、わたしはすっかり心を奪われてしまいました。実現こそしませんでしたが、四国に憧れて、徒歩での詳細な旅行の計画まで立てたりしたものでした。

死霊の山だったはずの弥谷寺

封印されていた若い時の記憶が解き放たれるという思いがけない体験をすることになった旅ですが、主要な目的は霊場の探訪にありました。なかでも今回ぜひ足を運びたいと思っていた所が、四国八十八ヶ所霊場の第七十一番札所、弥谷寺《いやだにじ》（真言宗善通寺派、香川県三豊市）です。

弥谷寺は奈良時代に行基菩薩によって開創されたという伝承をもつ古寺です。標高三百八十メートルほどの弥山《みせん》の中腹に設けられた寺院ですが、この山は古来死霊が留まると伝えられてきた地でした。八十八ヶ所のなかでもとくに死を強く意識させるスポットで、下北半島の恐山、臼杵《うすき》の磨崖仏とともに「日本三大霊場」と称されることもある場所です。

弥谷寺の参詣の出発点はふもとにある駐車場です。死霊の山というからには、人里離れた、さぞかし寂しげな雰囲気をもった寺なのかと想像していたのですが、車を降りた目の前に広がっていたのは、そうした予想を裏切るどこまでも開けた明るい光景でした。前日訪ねた第四十五番の岩屋寺《いわやじ》（第10章）の方が、はるかに神秘的な雰囲気に満ち満ちていました。

参道の入り口には、参詣者が俳句を納めることで知られる有名な俳句茶屋がありますが、この日は営業していませんでした。石段を登り仁王門をくぐって境内に一歩を記すと、左手には灌頂川が流れ、その川筋に沿って参詣道が続いています。右手には山の傾斜が迫っており、山肌に石碑や石像が点々と置かれています。地蔵菩薩の像が目立ちます。このあたりが「賽の河原」とよばれている場所です。

左に折れて法雲橋で灌頂川を渡ると、急傾斜の登りが始まります。弥谷寺は弥山の傾斜に沿って伽藍が散在する形を取っており、仁王門から最上部の本堂までは五百四十段の石段を登らなければなりません。

弥谷寺の本堂近くの洞窟の前にある水場

煩悩の数と同じ百八段の急な階段を上がった先に、まず庫裡と大師堂のある最初の平場が現れます。弘法大師を祀る大師堂のなかには山肌を削って作った獅子窟とよばれる石室があり、その奥に設けられた曼荼羅壇には阿弥陀如来坐像、金剛界・胎蔵界の大日如来坐像、地蔵菩薩坐像などの磨崖仏が浮き彫りにされています。長年護摩を焚いてきたためでしょうか、全体的に煤で黒ずんでみえます。

そこからさらにいくつかの石段を登っていくと、本堂に続く最上部の平場に到着します。その奥まった場所には洞窟があり、その前には岩壁から染み出す水を溜める水場があります（前頁の写真）。お参りに来た人はここで持参した経木に水をかけ、故人の菩提を祈る習慣がある、と居合わせた地元の人が教えてくれました。この場で経木を購入して氏名と願いごとを記し、納めることもできるようになっています。

高さ12mの岩壁に作られた阿弥陀三尊磨崖仏

ここまで上がると南に向かって眺望が開け、田園風景の広がる讃岐平野の先に瀬戸の海を望むことができます。平場を挟んだ北側には高く切り立った岩壁が続き、そこに数多くの磨崖仏や五輪塔が浮き彫りにされています。

なかでも中心となるものが、県指定の史跡となっている弥陀三尊の磨崖仏《まがいぶつ》です（写真）。これは高さ十二メートルに及ぶ大岩壁に陽刻された像で、主尊の阿弥陀仏は一メートル、脇侍の観音菩薩と勢至菩薩は九十センチの大きさであると案内板には記してありました。三尊像の両脇には「南無阿弥陀仏」の六字名号がいくつも陰刻してあり、かつてこの地で行われていた浄土信仰の名残をいまに伝えるものとなっています。

注目されるのは、この三尊像から本堂裏にかけての岩壁に、数え切れないほどの小さな穴が掘られていることです。これは納骨のための穴でした。だれかが亡くなったときに、遺体の火葬骨の一部を持参してここに納めるという風習が、長年にわたって行われていたのです。

納骨穴といえば、岩壁に浮き彫りにされている五輪塔のなかに、地輪と水輪に穴が掘られているものがあります。ここには死者の爪や髪が納められたといわれます。霊場の高台の岩穴に死者の遺品を納めることに、当時の人々はどのような意味を見出していたのでしょうか。

何のためのイヤダニマイリか

この問題を考える前に、弥谷寺で昭和ごろまで盛んに行われてきたもう一つの死者供養の風習、弥谷参り（イヤダニマイリ）をご紹介したいと思います。これは遺族が故人を弥谷まで送っていくという行事で、香川県西部地域で伝えられてきた習俗です。

資料が豊富な三豊市の旧荘内村のケースを取り上げてみましょう。この地ではイヤダニマイリは死後三日目、あるいは七日目に行われることになっていました。当日、死者の血縁の者が死者の髪と着物を携えて墓に向かい、そこにいる故人に対して「弥谷に参るぞ」と声をかけます。その上で、一人が後ろを向いて死者を背負う仕草をした後、徒歩で弥谷寺に向かうのです。

このとき参加者は必ず偶数人でなければならないといわれます。奇数人の場合、ふるさとに未練を抱く故人がだれかに憑いて戻ってくる可能性があるからです。

弥谷寺に到着すると石段を登って先述の水場に行き、戒名を記した経木に水をかけて死者の供養を行い、遺髪と野位牌を岩壁に掘られた洞穴に納めます。故人の着物は寺に納めます。その後、境内入り口の茶屋で会食し、決して振り向くことなく帰路に着くのです。

先ほど、わたしたちは弥谷寺で行われてきた納骨の風習を取り上げました。そしていま、近年まで継続されてきたイヤダニマイリをみてきました。形式は違っても、どちらも死者を弥山に導くという点において、同じコンセプトに基づいているようにみえます。

これらの行事の背景にある思想として、今日ほとんど常識となっているものが、「日本では古来死者は山に留まる」という認識です。その背景にあるのは山を神聖視する伝統です。死者は清浄な山に登ることによって徐々に俗世の垢を落とし、最終的には神に近い存在＝ご先祖さまにまで上昇します。死者を弥山に案内する背景には、仏教伝来以前から今日に至るまで変わることなく受け継がれてきた弥山を特別な山と捉える、地域が共有する観念があると考えられているのです。

しかし、これまでにもなんどか触れたように、わたしは柳田國男の説に淵源をもつこうした通説には異論があります。弥谷寺のケースをとっても、しばしば同列で捉えられている納骨とイヤダニマイリは、行われていた時期が異なるだけでなく、その意味もまったく異なると考えているのです。

時代で変わる納骨信仰の目的

まず納骨の習俗の方からみていきたいと思います。納骨が行われたスポットは寺内でももっとも高く見晴らしのよい場所でした。岩壁に空けられた納骨穴群の中心にあったのは、浮き彫りにされた阿弥陀仏と脇侍の勢至菩薩と観音菩薩でした。

すでにお分かりのように、この風習の背景にあったのは浄土信仰です。日本列島では阿弥陀仏に極楽浄土への往生を祈る信仰が、十一世紀ごろからとても盛んになり、各地で阿弥陀像が造立されるようになりました。藤原頼通が建立した宇治の平等院鳳凰堂（一〇五二年）がその代表ですが、それ以外にも各地で膨大な数の像が作られました。

弥谷の岩壁に掘られた三尊像も、作風からみて十二世紀ごろの造立と推定されます。その際注目されるのは、弥谷寺の磨崖仏と同様、岩に彫られたものがあったことです。たとえば、一九八四（昭和五十九）年に発見された横浜市の金沢区六浦にある上行寺東遺跡です（第1巻 第3章参照）。丘の上にマンションを建設すべく、整地作業に入ったことがきっかけとなってみつかったものです。高さが三十メートルほどの丘陵上には、二段にわたって平場が作り出されており、そこには六棟の建物跡、「やぐら」と呼ばれる四十基の横穴式の墳墓がありました。上段の平場は見通しのよい場所です。凝灰岩を削ってそこに作り出された二つのやぐらの奥にはそれぞれ阿弥陀像と五輪塔のレリーフが刻まれていました（写真）。阿弥陀仏のあるやぐらは東面しており、拝む人からみた場合、夕日は阿弥陀仏の背後に沈む形になりました。人々はこの地を訪れて縁者の遺骨を納めるとともに、弥陀の像に向かって故人の後生と自身の往生を願ったのです。

横浜市金沢区六浦の上行寺東遺跡

霊場の高台に遺骨を奉納する風習は東北の立石寺にもみることができます（第1巻 第6章参照）。立石寺は険しい岩壁を縫うように八百段もの石段が奥の院まで続きますが、壁のいたるところに納骨の穴が開いているのを目にすることができます。

立石寺の開山は十二世紀まで遡ることができると考えられていますが、最初期の山寺は浄土信仰に深く染め上げられた地だったのです。

上行寺も立石寺も、そこにみられる納骨信仰は浄土願生の希望にもとづいたものでした。人々は故人が見通しのいい高台から、首尾よく浄土の御仏のもとに飛び立つことを祈ったのです。

それに対し弥谷参りの習慣は、人々の間から遠い浄土に往生したいという切望感が薄れ、死者がいつまでもこの世に留まるようになる、江戸時代に入ってから定着したものと考えられます。そこでは弥谷寺は出発点ではなく終着点でした。死者はいつまでも山にいるのです。故人が懐かしくなったら、弥谷に行けばいいのです。

納骨信仰は江戸時代にも行われますが、それは死者を浄土に送り出すための行事ではなく、弥山に定着してもらうためのしきたりでした。弥谷寺からの帰りに振り返ってはいけないというタブーも、同じ発想にもとづくものだったのです。

歴史的転換点にある死後世界

日本列島の死後世界の観念は、時代によって大きく変化してきました。弥谷寺のたいへん興味深い点は、中世の浄土信仰と近世の祖霊崇拝という時代を異にする二つの死者供養の作法が、重層的に地層を成して共存しているところにあるのです。

その弥谷でも、納骨の信仰が行われなくなって長い時間が過ぎました。弥谷参りの習俗も過去の記録のなかの出来事となりつつあります。弥谷寺だけではありません。各地の霊場を歩いてみると、生者と死者との関係性という視点からみたとき、いまの社会が歴史的な転換点にさしかかっていることを強く実感します。

人と死者の付き合い方は時代によってさまざまです。中世の納骨信仰のように、死後の命運の一切を彼岸の仏に預けてしまうというやり方もありました。近世の弥谷参りのように、弥谷に棲むと信じられたご先祖さまと折々に親しく交流するという方法もありました。どのような作法が用いられようとも、それはそれぞれの時代と地域の人々がベストの方法として選択したものであり、どちらが優れていて、どちらが合理的であるかなどという判断を、後の人間が軽々しくなすべきではありません。

今、日本社会が直面している真に深刻な問題は、列島に住む人々が長い時間をかけて築き上げてきた生者と死者の交際の儀礼そのものが、この列島から消え去ろうとしているところにあるとわたしは考えています。「直葬《ちょくそう》」とよばれる、葬儀や告別式を行わない葬法がいま急速に広がっています。引き取り手のない遺骨が増え続けています。

人類の歴史上、死後の世界を想定しない社会は存在しませんでした。しかし、いま日本社会では、生と死を貫くストーリーが急速に色褪せています。人々が広く共有できる死生観が、日本列島から失われつつあるようにみえるのです。

その先にあるのは生者の世界と死者の世界の断絶です。冥界はもはや、仏とともに過ごす法悦の境涯でも、子孫と交流しながら過ごす再生に向けての休息の時間でもありません。だれも経験したことのない、漆黒の闇が支配するよそよそしい空間なのです。

納骨信仰が廃れ、弥谷参りの人足《ひとあし》が途絶えたいま、どのような新しい生と死の物語が組み上げられていくのでしょうか。そもそも、そうした物語を求めてはいけない時代になってしまったのでしょうか。

もしこの山に死者たちが留まっているなら、彼らから、彼女たちからどんな感想が聞けるのだろうか――本堂のある高台で、穏やかな春の日差しを浴びてきらめく瀬戸の海を眺めながら、しばらくそんなとりとめのないことを考えていました。

17

奉納された絵馬から分かる日本人の浄土への思いが希薄化したわけ

ムカサリ絵馬　山形県東根市

黒鳥観音の奉納物が問う世界

山形県東根市にある東根山秀重院・黒鳥《くろとり》観音（曹洞宗）は、村山地方に点在する最上《もがみ》三十三観音の第十九番札所です。村山盆地の東を限る奥羽山脈に程近い、小高い丘の上に位置しています。眼下には東根市街が広がり、目をあげれば盆地のはるか先に月山や朝日連峰を望むことができます。四季折々に素晴らしい景色を堪能できますが、遠い山の残雪が新緑の木々の間に輝く春先の光景は格別です。

麓からは幅の狭い急傾斜の道路が観音堂裏の駐車場まで続いており、だれでも容易にアクセス可能です。車道の途中からは徒歩での参詣のための細道が分かれており、こちらが観音堂の正面に出る正式な参詣路となっています。木立に囲まれた参道を登り詰めると、簡素な山門と宝形造の観音堂が姿を現します。

最上三十三観音霊場第19番札所の黒鳥観音堂

観音堂の背後にある事務所に世話役の方が詰めている場合もありますが、だれもいないときが大半です。それでもお堂はいつも開け放たれており、日中であれば自由に中に入って参拝できます。

観音堂は十二畳ほどの広さがあります。常に清潔に保たれている堂の内陣には本尊の十一面観音像が安置され、その左右には棚がしつらえられて、小ぶりな三十三観音が鎮座しています。天井を含めて、堂内のすべての壁面は奉納された絵馬・絵画・写真などで埋め尽くされています。

それらの奉納物は、参詣の様子を描写したもの、お堂の前での記念写真、戦死した兵士の肖像写真など多彩ですが、もっとも多いのが結婚式の絵です。新郎新婦だけが描かれたものがあります。媒酌人や親族が参加する賑やかな式の様子を写したものや、花嫁・花婿一人だけの肖像画もあります。

村山地域とその南隣の置賜《おきたま》地域では、未婚のまま亡くなった若者を慰めるため、その婚礼姿を描いて奉納するムカサリ絵馬という風習が行われてきました（第1巻 第18章参照）。「ムカサリ」とはこの地方の方言で結婚を意味します。黒鳥観音堂もまたムカサリ絵馬を納めるスポットでした。絵馬に描かれた花婿たちは、もはやこの世の存在ではない人々なのです。

次頁の写真の絵は昭和二十年代の初めに奉納されたものです。向かって右手に、紋付袴姿の若い男性が床の間を背にして端坐しています。髪を真ん中から分け、かしこまった表情をしています。絵の向かって左手、花婿の視線の先には花嫁がいて、子供から三三九度の杯をうけているところです。

戦後間もない時代です。この男性もあるいはどこかで戦死したのかもしれません。わたしは昭和二十年代に宮城県の片田舎に生まれました。稚児が固めの杯にお酌する姿は、当時の結婚式で普通にみられたシーンでした。この若者の親族は、清楚で美しい花嫁をえて固めの杯を交わしている姿を描くことによって、あの世に旅立つ者に対するせめてものはなむけとしようとしたのでしょうか。

黒鳥観音堂に奉納されたあの世の婚礼・ムカサリ絵馬

奉納されたムカサリ絵馬には、この絵のようにプロの絵師が描いて丁寧に額装されたものがあります。厚紙や画用紙にクレヨンで描いただけのものもあります。手描きの絵ではなくて、写真から合成したものも混じっています。黒鳥観音ではそれらが幾重にも重なり合いながら、堂内の壁面に固定されています。

堂の中に座っていると、絵馬から注がれるこの世ならぬ者たちの視線を強く感じます。

若松観音で知る日本の婚礼観

黒鳥観音を後にして西に東根市街を抜け、国道一三号線に突き当たって左折すると、南に向かって幅の広い快適な道路が続いています。しばらく車を走らせていると、やがて左手前方に存在感のある山塊が姿を現します。雨呼山《あまよばりやま》を最高峰とする奥羽山脈から派生した支脈です。次の目的地である若松寺はこの山の中腹に位置しています。

案内板に従って国道を左に折れ、谷間の道を山に向かって進むと、しだいに道は細くなり傾斜も急勾配となります。曲がりくねった山道に沿って車を走らせていると、やがて開けた高台に到着します。ここが最上三十三観音の第一番札所である「若松観音《わかまつ》」の通称で親しまれている鈴立山若松寺《れいりゅうざんじゃくしょうじ》（天台宗）です。近年では縁結びの寺として多くの参詣者を集めています。

若松観音は本堂である観音堂（重要文化財）の建立が室町時代に遡る古刹です。本堂以外にも金銅聖観音像懸仏《かけぼとけ》（円形の台座に仏を浮き彫りにしたもの）や板絵著色神馬図（巨大な板絵馬）などの、国指定の重要文化財を蔵しています。

若松観音は眺望の寺です。西に村山盆地を俯瞰する構図は黒鳥観音とほぼ同じですが、こちらのほうが標高の高い分、深い谷を眼下にするダイナミックな景色を楽しむことができます。寺が位置している山塊の反対側斜面には松尾芭蕉も訪れた山寺・立石寺（天台宗）があり、かつては嶺を越えて続く修験の道が二つの寺を結んでいました。

若松寺ではもともとムカサリ絵馬は観音堂に奉納されていました。しかし、その後この建物が重要文化財に指定されたため、多くの絵馬は新たに建立された絵馬堂に移されています。ここに載せた（次頁の写真）は絵馬堂に掲げられているムカサリ絵馬の一つです。一九一九（大正八）年に奉納されたものです。

絵のほぼ中央に、肩衣と袴を着けた正装姿の新郎が座っています。いかにも若く、顔を若干赤らめて緊張している様子が巧みに描写されています。その左側に新婦がいます。綿帽子のためにその表情を読み取ることはできません。

最上観音霊場第１番札所若松観音・絵馬堂のムカサリ絵馬

　ムカサリ絵馬に描かれた新郎は、供養される故人にできるだけ似せて描かれることが一般的です。生前の写真が用いられることもありました。他方、新婦の方はこの絵のように、特定の人物と認識されないような工夫がなされています。

　二人を囲むように、親族縁者と思われる七人の人物が描きこまれています。寒い季節なのでしょうか、火鉢には火が入れられています。そこに手をかざす男性の偏屈そうな表情や、白粉で厚化粧した女性の姿が印象的です。

かつて日本では、未婚の男性はまだ半人前の存在とみなされていました。ムカサリ絵馬の由来については、半人前のまま亡くなった若者を、せめて死後に一人前にしてやりたいという親心から生まれた風習、という説明がなされています。しかし、実際にムカサリ絵馬を目の前にすると、死者があの世で一人では寂しいだろうという、もっと素朴な思いから生まれた作品のように感じられます。

婚礼の日が人生最良の時であるという見方は、過去も現在も変わりはありません。不条理にも現世での夭折を余儀なくされたこの男性は、その代償として、百年以上にわたって至福の時間に身を浸し続けているのです。

ムカサリ絵馬になぜ仏がいないのか

いま山形県の村山地方で行われているムカサリ絵馬という風習をご紹介しました。わたしが初めてこの絵馬を目にしたとき、ちょっとした違和感を感じました。それがなになのか、そのときは分かりませんでしたが、しばらく時間をおいて理解することができました。これらの絵には宗教的な表象が皆無なのです。

わたしたちの常識からすれば、死後は神や仏などの世界です。それらの超越的存在が死者をしょうか。

迎え入れ、審判を下し、最終的には許しを与えて救ってくれるというのが、大方の人が他界に対して抱くイメージではないでしょうか。しかし、ムカサリ絵馬に描かれた死後の情景には救済者の姿がほとんどみえません。わたしたちの日常の光景がそのまま投影されているのです。

こうした俗世の延長としての死後世界のイメージは、いつ、どのようにして形成されたのでしょうか。

たとえば中世社会を考えてみましょう。中世にはたくさんの来迎図が制作されました。そこでは死後の浄土往生を願う人々のところに、あの世の仏の使いである化仏や二十五菩薩が蓮華座を捧げて来訪し、行者を乗せて浄土に連れ去る様子が描かれています。中世社会では人々を救済する主役はあくまで仏・菩薩であり、その向かう先も本仏のいる浄土にほかなりませんでした。この世もあの世も、濃厚な宗教的表象に満ち溢れているのです。

時代を遡ったとき、死後世界の中心には圧倒的な存在感を持った仏・菩薩がいました。ところが供養絵額やムカサリ絵馬になると、そこから仏の姿が消え去ってしまいます。宗教的な要素が消滅し、あの世が完全に世俗化するのです。

中世とムカサリ絵馬が制作された時代のあいだで、いったいなにが起こったのでしょうか。

浄土を凌ぐ地獄のインパクト

二〇一六年の初冬のころ、わたしは作家の柳美里さんと、取材で秋田県湯沢市にある最禅寺（曹洞宗）を訪れました。最禅寺はその開創が室町時代に遡る古刹です。もともとは天台宗の寺であったものを、總持寺の源翁和尚が曹洞宗に改めたと伝えられています。

最禅寺は雄物川《おものがわ》左岸に広がる水田地帯を望む谷戸《やと》、堂ヶ沢のもっとも奥まった高台に位置しています。中世以来の歴史をもつ山田集落のすぐそばに位置しており、近くには鎌倉時代の十一面観音像を残す土沢神社や、平安時代の鉈《なた》彫り（丸ノミの痕を残す彫刻技法）の女神像を蔵する白山神社があります。

わたしたちは副住職（当時）の森田昭善さんのご案内で、寺が蔵する「地獄極楽図」をみせていただきました。東北地方には江戸時代に制作されたこのタイプの絵画が数多く残されています。太宰治が金木にいた幼少の時分、見て恐ろしさを感じたという「地獄極楽の御絵掛地」（『思い出』）もその一つです。

最禅寺には全部で六幅の掛軸が残されています。悪道に堕ちた衆生が血の池地獄をはじめとするさまざまな地獄で、獄卒の鬼に責め苛《さいな》まれている絵があります。三途の川のほとりで、地獄に向かう人々が恐ろしげな容貌をした奪衣婆《だつえば》に衣服を剝ぎ取られている様子を描いたものがあります。賽の河原で鬼に苛まれる子供たちを、地蔵菩薩が護ろうとしている絵があります。閻魔を中心に、地獄の十王が勢揃いしているものもあります。

そうした地獄関連の絵に加えて、浄土の光景を描写したものが一幅だけ残されています。上空には、文殊・普賢の二菩薩以下の聖衆を従えた釈迦如来が浮遊しています。中央部には瓦屋根と朱塗りの柱や梁をもつりっぱな堂舎群があり、一番下の部分には池が描かれています。

往生の大願を果たした人々なのでしょうか、池の上には雲に乗って漂う人物がおり、池に咲く蓮の花の上や岸辺にも人がいます。釈迦仏の霊山浄土と阿弥陀仏の極楽浄土の要素がミックスされていますが、この絵には通俗的な意味でのあの世のイメージが分かりやすい形で表現されています。

これらの一連の絵をみてまず感じられるのは、強烈なインパクトを放つ地獄のイメージと比べて、浄土の存在感の薄さです。一幅と五幅という数の多寡だけの問題ではありません。三途の川から地獄にかけての悪道を舞台に、生々しく描き出される想像の限りを尽くした責め苦と、それを担当する異形の獄卒たちの与える衝撃と対比したとき、浄土の平穏で平凡な光景はほとんど印象に残ることはありません。死後にぜひ浄土に行きたいと思わせるアピール力を、この絵から感じ取ることはできないのです。

近世以前にも地獄と極楽を描いた絵画はありました。東北の地獄極楽図はその流れを汲んでいます。中世社会でもっとも重要だったのは、浄土への往生でした。彼岸への道筋と往生の方法を示す来迎図、寺社曼荼羅など、浄土信仰に関わる膨大な作品が制作されました。そこでは地獄絵はあくまで欣求浄土の念を起こさせるための手段であり、付属品でした。それと比べたとき、最禅寺の地獄極楽図は、堕地獄を防ぐためにこの世での善行が勧められていても、最終目的であるはずの彼岸志向がきわめて弱いようにみえるのです。

なぜ浄土観が希薄化したのか

往生の対象としての浄土の存在感が希薄化していく背景には、他界浄土のリアリティを共有できず、往生を真剣に願うこともなくなった江戸時代の現世主義的な世界観が存在したと考えられます。この世での人生を精一杯享受したいと願う近世人にとって、悪道への転落は往生や悟りの障害になるからではなく、人としての再生を困難にするものであるからこそ避けるべき最重要課題とされたのです。

地獄図には畜生道に堕ちて、犬・猫・牛などに生まれ変わった姿が描かれています。江戸時代の人々にとってもっとも切実な願いは、再び人間としてこの世に生をうけることでした。浄土への往生と仏による宗教的な救済＝成仏を、もはや実感をもって受け止めることのできない時代となっていました。人間から人間へのサイクルを踏み外すことこそが、人々の最大の恐怖だったのです。

いかに彼岸の現世化が進んだとはいえ、檀家制度が機能し仏教が圧倒的な影響力をもっていた江戸時代には、極楽図にみられるように、死者は仏がいて蓮の花咲く浄土で最終的な解脱を目指して修行しているという中世以来のイメージが、完全に消え去ることはありませんでした。

しかし、幕末に向かうにつれて他界としての浄土のイメージがさらに希薄化してくると、死後世界の表象そのものが大きく変化します。死後の命運を司る仏の存在がさらに後景化し、ついには死後の世界から聖衆の姿が消え去るのです。

死者は美しい衣装を身にまとい、この世の延長である冥界で結婚式を挙げ、親族縁者とともに衣食住に満ち足りた生活を満喫するようになります。一見古風な様相をまとうムカサリ絵馬は、こうした死後世界の変容の果てに、近代になって誕生した新たな風習だったのです。

18

死後の安寧を託すのが仏から現世の人に変わっていった先の生死

回向院　東京都墨田区

諸宗山無縁寺回向院という寺

ＪＲ総武線で東京・秋葉原から二つ目の駅にあたる両国は、国技館のある相撲の聖地です。両国駅の西口を出ると、目の前を国技館通りとよばれる広い道路が横切っています。この通りの歩道に沿って、横綱の土俵入りを象った像を載せたモニュメントが、一定の間隔をおいて建ち並んでいます（次頁の写真）。

その台座の側面には、歴代の横綱の手形が嵌め込まれています。国技館のお膝元らしく、周辺にはちゃんこ屋や「あんこあられ」で知られる菓子店の国技堂など、相撲に関わるお店が数多く見掛けられます。

国技館通りを、国技館と反対方向に折れて南に向かうと、京葉道路を挟んだ突き当たりに、仁王像の守る赤い柱の門がみえてきます。周囲を高層ビルに取り囲まれたこの寺院が、今日の目的地の回向院《えこう》（浄土宗）です。

正式には諸宗山無縁寺回向院の名称をもつこの寺もまた、相撲と深い関わりをもっていました。江戸時代の後期に、江戸で定期的な相撲の興行が始まると、回向院の境内がその会場となったのです。

両国の国技館通りに建つ
横綱モニュメント

その縁で、一九〇九（明治四十二）年には、最初の常設の相撲館（旧国技館）が、この地に建てられることになりました。旧国技館は関東大震災や太平洋戦争などによる被災と再建を繰り返しながら、戦後まで存続します。終戦後は占領軍による接収の時期を経て、所有権が日本大学へと転移し、プロレス興行や学生運動の舞台として有名な日本大学講堂（通称日大講堂）となります。しかし、建物の老朽化によって使用できなくなり、街の再開発の波に飲まれて、現在の両国シティコアへと姿を変えるのです。

回向院の門前には、こうした歴史と経緯を記した案内板が設置されています。

回向院と相撲との関わりを振り返ったとき、見逃すことができないものに境内の「力塚」（写真）があります。「力塚」という文字の彫られた巨大な石碑です。この碑の建立は、一九三六（昭和十一）年のことで、亡くなった力士たちを供養するために建立されたものといわれています。回向院の境内にはこれ以外にも、回向院と相撲の関係史を記した「回向院相撲記」、相撲記者を供養する「角力記《すもうき》」「東京相撲記者碑」など、相撲にゆかりのあるいくつもの記念碑が建ち並んでいます。

回向院の境内にある「力塚」

災害犠牲者供養の幕命として

回向院は、一六五七（明暦三）年に江戸を襲った大火の犠牲者追悼のために、幕命によって設けられた「万人塚」を濫觴《らんしょう》とする寺院でした。

「火事と喧嘩は江戸の華」という言葉があるように、木造の家屋が密集する江戸の街はしばしば火事に見舞われました。しかし、明暦の大火は群を抜いて巨大な火災であり、江戸城の天守をはじめ江戸市街の大半を焼き尽くすという災禍をもたらしました。死者は十万人に及んだといわれます。

明暦の大火は「振袖火事」という別名をもっています。この名称の由来となったエピソードについては、すでに江戸時代の段階で、歌舞伎や浄瑠璃などの媒体で繰り返し取り上げられて、広く人口に膾炙《かいしゃ》していました。ここでは、小泉八雲（ラフカディオ・ハーン）の作品である「振袖」を素材として、語り伝えられている事件の概要をご紹介したいと思います。

話は江戸のとある神社の祭礼から始まります。祭りの人混みのなかで、裕福な商人の娘が、たまたま見掛けたハンサムな若侍に一目惚れしてしまうのです。

どうしても侍のことが忘れられない娘は、彼が着ていたものと同じ柄の振袖を作り、思い出す縁《よすが》としようとします。外出の時には身につけ、家にいる時には衣紋掛けに吊るして、彼がそれを着た様子を想像するのです。しかし、娘の恋が成就することはありませんでした。恋煩いのあまり、娘は再び侍に会うことのないまま、程なく命を落としてしまうのです。

寺の住職は葬儀が終わると、供養のために納められたその振袖を古着屋に売却しました。それを気に入って、同じ年頃の少女が購入します。その少女は、すぐに体調に異変が生じて亡くなってしまいます。

その葬儀を済ませた同じ住職は、再度この振袖を古着屋に売り渡しました。それを別の少女が手に入れるのですが、彼女もまたなにかに取り憑かれたようにして死んでしまうのです。

こうしたことが三度、四度と繰り返されると、さすがに住職も異変を感じ、小僧たちにこの振袖を寺の庭で燃やすように命じました。小僧が指示に従って振袖を火に投じると、着物はみずから意志をもっているかのように空中に舞い上がり、火の粉を撒き散らしました。その火が寺の建物に燃え移って火事となり、燃え広がって、かの大火になったと伝えられているのです。

回向院の墓地には多くの動物供養碑が建つ

明暦の大火の焼死者を供養する万人塚から始まった回向院ですが、やがて安政大地震（一八五五年）の犠牲者をはじめとする、他の災害の犠牲者の慰霊が行われるようになりました。水死者や焼死者、刑死者などの無縁仏も埋葬されるようになります。宗派を問わない無縁仏の供養が回向院の特色となっていくのです。

多様な死者の受け入れは、やがて人間以外の存在にも及びました。近代に入ると、軍用犬・軍馬の慰霊碑が建てられます。そこに犬猫・小鳥・オットセイなどが加わります。近年はペット供養が盛んです。いま境内に建ち並ぶ数多くの供養碑は、こうした伝統と歴史を承けたものだったのです（前頁の写真）。

これ以外にも、境内には人形浄瑠璃の竹本義太夫、戯作文学の山東京伝などの著名人の墓がありますが、なんといっても有名なのは、怪盗鼠小僧次郎吉の供養塔です。なかなか捕まらなかったその強運にあやかるべく、現在も参詣者が絶えることがありません。

飢饉災害から寺が新たな場に

二〇二二年三月十六日の夜、宮城と福島を最大震度六強の強い地震が襲いました。同じ地域では、前年二月にも二つの大きな地震がありました。その前年の九月、東北地方は水害で甚大な被害を被りました。十一年前の3・11は、東日本大震災です。

自然災害は東北地方だけでなく、日本列島の宿命です。この列島はほとんど切れ目なく、地震・噴火・水害などの災禍に見舞われてきました。

日本列島は大規模な食糧の輸入が始まるまで、生産力とそれが支えることのできる人口が、ギリギリで釣り合っている状況にありました。災害によって一旦そのバランスが崩れると、筆舌に尽くし難い凄惨な状況が現出するのです。

その代表的なものに、一二三〇（寛喜二）年から数年にわたって続いた寛喜の飢饉がありま
す。鎌倉仏教の祖師たちの多くが実際にこの飢饉を体験しました。

飢饉は冷夏から始まりました。寛喜二年は、夏に降雪や霜があるほどの異常気象でした。作物の収穫は激減し、やがて大量の餓死者が生まれました。生き残った人間に、疫病が牙を剥いて襲いかかりました。

人々は食物を求め、住居を捨てて流浪の旅に出ましたが、どこも状況は同じでした。「人口の三分の一が死に絶えた」といわれるほどの大被害が生じるのです。歌人の藤原定家はその日記である『明月記』に、京都市中に行き倒れた死体が溢れ、耐え難い屍臭が邸宅のなかにまで入り込んでくるありさまを記しています。

この後に起こる正嘉の飢饉（一二五八年）は、日蓮の『立正安国論』執筆の動機となりました。日蓮はその様子を「牛馬は路上に倒れ伏し、人の屍と骨は道にあふれている」と記しています。親鸞もその悲惨な状況を東国で目撃し、思いを書簡に託しています。

こうした事態に直面して、人々がなしうることはなにもありませんでした。最初に死んでいったのは、体力のない乳幼児でした。鴨長明の『方丈記』は、乳児が命尽きた母の乳房にすが

りついている様子を描写しています。たくさんの子供たちが、飢えと病で命を落としていくのです。

ただ苦しんで死んでいく子供たちは、なんのために生まれてきたのだろうか。生前に功徳を積むことのできなかった衆生に、死後どのような命運が待ち構えているのだろうか。彼らに、彼女らに平穏と救いは訪れるのだろうか……。

鎌倉仏教の祖師たちは、こうした現実を見据えるところからその宗教者としての歩みを開始しました。それぞれの祖師が辿り着いた地平は異なりましたが、彼らはみな思索と実践の果てに、地位や身分にかかわらずすべての人々を平等に救い取ろうとする、仏の偉大な慈悲を発見していくのです。

仏のケアが人のケアに変わる

日本列島では十四世紀から十六世紀あたりの時代を移行期として、死者と死後の世界に対する観念が大きく変容します。祖師たちが説いたような、有縁無縁の人々を一瞬にして救いとる絶対的な救済者（仏）のリアリティを、人々が共有できない時代が到来するのです。

これ以前の中世といわれる時代では、救済者の手に委ねられた死者は、その力によって瞬時に浄土に飛翔できると信じられていました。浄土に迎え取られた死者は、もはや人があれこれとその行く末を気にする必要はありませんでした。

それに対して、近世では死者は遠い世界に旅立つことはありませんでした。社会が安定し、定住と世俗化が進むなかで、人々は、理想の仏国土が宇宙の彼方に実在するという教えを、しだいに実感できなくなっていくのです。見知らぬ遠い浄土に行くよりは、住み慣れたこの世に残る方を望むようになるのです。柳田國男のいう「死者が身近にとどまる」時代が、こうして到来するのです（柳田國男「先祖の話」ちくま文庫版『全集』一三）。

近世には、死者の命運を全面的に委任できるようなパワフルな仏はもはや存在しませんでした。故人は救済者の力によって一気に悟りを開くのではなく、親族・縁者が提供するケアを通じて、生前身につけていた怨念や欲望を少しずつ削ぎ落とし、神に近い存在＝「ご先祖」へと上昇していくのです。死者をケアする主役が中世の仏から、近世では人間へと移行するのです。

仏と違って、人が提供するケアには限界がありました。

生々しい思念をまだ身に纏っている死者を、それが完全に昇華されたご先祖へと変身させるためには、長い時間が必要でした。親族は十年単位の長きにわたって、折々に墓を訪れて死者と対話し、そのご機嫌を伺い続けることが求められました。また、普段死者が寂しい思いをしないですむように、墓は読経の声の聞こえる寺の境内に建てられなければなりませんでした。お盆やお彼岸に寺を訪れ、戒名・法名の刻まれた墓に向かって死者の平穏を祈る墓参りの風習が、こうして江戸時代から形を整え、しだいに国民行事として定着していくのです。

後生善処のためには親族縁者によるケアが不可欠であるという認識の広がりは、他方でそうしたケアから漏れる人々の存在をクローズアップすることになりました。供養を受けないまま未練を残してこの世をさまよう死者―幽霊は、さまざまな災いをもたらす原因となると考えられたのです。

江戸時代は農民層の定住化を背景として、先祖から子孫たちに受け継がれていく「家」（イエ）の観念が社会に定着していく時代でした。他方で、農家の次男・三男、都市の奉公人、遊郭の女性たちなど、家族を形成できない人々もたくさんいました。そうした人のために、江戸には各所に無縁墓地が設けられ、親族のいない者、記憶されない人々にもケアが及ぶような工夫がなされました。

「投げ込み寺」として知られる足立区・千住の金蔵寺（真言宗豊山派）は、そうした機能を担ったお寺の一つです。亡くなった身寄りのない遊女たちがここに運び込まれました。境内には天保の飢饉餓死者の供養碑と並んで、遊女の墓が残されています。

一般の家庭でも、お盆には先祖を迎える精霊棚と別に無縁棚・餓鬼棚が設けられ、この世を彷徨しているかもしれない無縁の死者に、しばしの安らぎの場所が提供されました。

けれども、それはあくまで平穏な時代のことでした。中世より生活水準は改善されたとはいえ、一旦災害が起これば、社会状況は一変しました。振袖火事や江戸の四大飢饉といわれるレベルの大災害に直面すると、たちまち平和な日常生活の仮面が剥がれ落ちて、凄惨な光景が現出しました。

そこではもはや通常の無縁救済のシステムは機能しませんでした。幕府による回向院の「無縁塚」建立は、大量の供養されない死者が発生する時代状況を背景としてなされた、社会の安定化のための施策の一つだったのです。

無縁社会が問う新たな生と死

二〇二二年の三月十一日は、東日本大震災の発生から十一年目にあたります。この日、わたしは研究者仲間と福島県の被災地を訪れました。

地震の発生時刻である午後二時四十六分には、津波の到達地にサイレンが鳴り響き、多くの人々が海に向かって黙祷を捧げました。時間の経過によって風化することのない死者への深い思いが、そこにはありました。

わたしたちは「無縁」の死者という言葉を聞くと、なにか哀れな感情を呼び覚まされます。しかし、無縁であることが大きな社会問題になるのは、遺族や親族が死者をケアしなければならないという意識が定着する、江戸時代以降のことでした。

いま「無縁社会」と無縁の死者が、江戸時代とは違う形で、改めてクローズアップされています。核家族化や非婚人口の急激な増加に伴う、ケアしてくれる人のいない死者、記憶されることのない死者の急激な増加です。

３・11に祈りを捧げる人々の姿をみると、死者を悼む気持ちが普遍的なものであることを感じます。けれども死生観と供養の作法は歴史的に形成され、時代によって形を変えてきました。

わたしを含めた普通の人間は、それがどのようなものであれ、死者との共存の物語なくして心の平穏を維持できません。いま到来しつつある新しいタイプの無縁社会には、それにふさわしいどのような生と死のストーリーがありうるのでしょうか。

19 寺院の奥の院が隆盛した時代と荒廃した時代とで何が変わったのか

黒石寺　岩手県奥州市

これほどの古刹が北の地にある機縁

猛暑の夏が過ぎ、庭の桔梗を揺らす風に秋の気配を感じる一日、ふと思い立って東北自動車道を北に向かいました。目的地は岩手県奥州市の妙見山黒石寺《こくせきじ》（天台宗）です。

岩手県の内陸部は、県庁所在地の盛岡から県最南の一関まで、北上川がまっすぐ南北に貫き、川に沿うようにして緑滴る平野が広がっています。平泉前沢インターで高速を出たわたしは、満々たる水を湛えた北上川に架かる長い橋を渡って東岸に出ました。はるか前方に、北上山地の主峰、早池峰山《はやちねさん》が頭をのぞかせています。

左岸には、川を挟んで国道四号線と並行して走る一関北上線があります。その道を北に向かって、農村風景のなかを二十分ほど走ると、国道三四三号線との分岐に出ます。案内板に従い、右折して山の方向に進めば数分で黒石寺です。

黒石寺は、北上山地から張り出した支脈に抱かれるようにして佇む古寺です。門前を流れる瑠璃壺《るりつぼ》川（山内川）に面して、手打ち蕎麦の店が一軒あるだけで、周囲に人家は見当たりません。黒石寺を訪れたときには、いつもこちらのお店でお蕎麦をいただくことにしています。

明治期に再建された黒石寺本堂（薬師堂）

正面から入って杉木立の石段を登ると、正面にみえるのは明治時代に再建された本堂の薬師堂です（写真）。本堂の右手は庫裡となっており、欄干と華頭窓《かとうまど》のついた個性的な造りの鐘楼があります。左に位置するのは、古仏を納めた三宝殿（収蔵庫）です。

普段は人影の少ない黒石寺ですが、東北では有数の由緒を誇ります。奈良時代の天平年間に行基によって開かれたという伝承があります。慈覚大師円仁が東北巡錫の折に、ここに逗留し、八四九（嘉祥二）年に寺を再興したといわれています。

慈覚大師中興の寺伝を裏付けるかのように、寺には多くの平安仏が伝来しています。圧巻は胎内に八六二（貞観四）年の墨書銘をもつ薬師如来坐像（国指定重要文化財）です。東北の仏像によくみられる、霊木とされるカツラの一木彫です。ほぼ同時期の作と推定される、奇怪な表情をした四天王像（国指定重要文化財）も見逃せません。仏像の多くは普段収蔵庫に保管されているので、拝観を希望される場合は、あらかじめお寺にお願いしておいた方がいいでしょう。

黒石寺の二キロほど先には、南北朝時代に遡る曹洞宗の古刹、奥の正法寺があります。巨大な茅葺建築の法堂《はっとう》など、三つの建物が国の重要文化財に指定されています。他にもみるべき文化財が多く、黒石寺を訪れた際には、ぜひこちらにも足を伸ばすことをお勧めします。

蘇民祭ポスター事件のその後

まだ雪深い黒石寺の春は、天下の「奇祭」として知られる蘇民祭《そみんさい》で始まります。旧正月七日の深夜から八日の朝にかけて、さらしの下帯（褌《ふんどし》）だけをつけた裸の男たちが、麻でできた蘇民袋と、その中に収められた小間木《こまぎ》とよばれる護符を奪い合う勇壮な行事です。

旧正月の七・八日は、新暦では一月の末から二月の初旬にあたります。もっとも冷え込む時期であり、寒冷地として知られる岩手ではその厳しさはひとしおです。大地が雪で覆われる寒空の下、夜の十時、祭りは裸参りの衆が門前を流れる瑠璃壺川で禊を行うことから始まります。その後、炎と火の粉とで本堂を清める「柴燈木《ひたき》登り」、それに続く「別当登り」「鬼子登り」などの行事を経て、翌日の午前四時、クライマックスである蘇民袋の争奪が開始されます。奪い合いはやがて堂の外に移り、雪の中を転がりながら延々と続きます。夜が明けかかるころになって、ようやく祭りは終了するのです。

黒石寺の蘇民祭そのものは伝統を背負った厳粛な祭事ですが、祭りのあり方をめぐってこれまで何度か外部からクレームがつき、場外乱闘のような状況が発生したことがありました。社会的な話題になったので記憶されている方も多いと思いますが、その代表的な事件が、ＪＲ東日本による駅での宣伝ポスター掲示拒否です。

蘇民祭を知らせるこのポスターは奥州市が作製したものです。それまでも長きにわたって制作・掲示されてきましたが、とくに問題になることはありませんでした。それが二〇〇八（平成二十）年の祭りのものに限って掲示にストップがかけられたのです。

このポスターはいまでもウェブ上でみることができますので、関心のある方は検索してみてください。上半身裸で、胸毛が濃く髭面の中年男性が大きくアップされ、背景には下帯姿の男たちが梁の上に立っている光景が配されています。これがみる者に不快感を与え、セクハラにあたる可能性があるという理由で、掲示拒否にあったのです。

この年、蘇民祭をめぐってもう一つの問題がもちあがりました。蘇民祭では、蘇民袋を小刀で切り裂き、小間木を撒く役を担う世話人は、伝統的に全裸の姿を取っていました。それ以外にも、多くの参加者が下帯をつけない姿で参加していました。他の歴史ある祭りと同様に、黒石寺の蘇民祭も全裸が本来の在り方だったのでしょう。

ところがこれに対し、所轄である岩手県警水沢署が、「公然わいせつ」に該当する行為であり、今度やった場合には警察として「措置する」と事前に警告を発したのです。

観光客がいて、公然性があるというのが、警察側の言い分ですが、伝統神事に対する無理解からくる無粋な措置として、多くの批判が寄せられました。このとき住職だった藤波洋香さんも、「対応に苦慮している。もう少し伝統文化を理解してほしい」といった言葉を残されています。

結局、当時の渡海紀三朗文部科学大臣の応援のコメントなどもあって、この年もその後も、世話人については全裸が黙認されています。伝統の力が警察の干渉を押し返したのです。

北上川流域になぜ毘沙門天か

本尊の貞観仏の存在が雄弁に物語っているように、黒石寺は平安初期に遡る由緒をもつ寺院です。前述のように行基や慈覚大師にまつわる伝承も残されています。けれども、実際に寺が歩んできた歴史の実態はほとんど分かっていません。

北上川東岸には、黒石寺以外にも注目すべき古仏が点在しています。奥州市の藤里毘沙門堂・北上市の立花毘沙門堂・東和町の成島毘沙門堂にあるのは、いずれも平安時代の毘沙門天像です。成島の毘沙門天は五メートル近い巨像です。これらの毘沙門天像はみな地天に支えられ、武器を手にいかめしい顔つきで屹立しています。

奈良時代まで宮城県の多賀城以北の地は、中央政権の支配の及ばない蝦夷《えみし》の世界でした。七八一（天応元）年に即位した桓武天皇は、蝦夷の支配地域への本格的な侵攻計画を実施します。多賀城に集結した大軍は衣川を越えて北上し、アテルイの指揮する蝦夷軍と激しい戦闘を繰り広げました。

当初、征討軍はアテルイの術中に嵌《はま》って苦戦を強いられます。そうしたなかで新たに指揮官に任命された坂上田村麻呂は、硬軟の策略を用いて戦線を北に押し進め、九世紀の初めには胆《い》沢《さわ》（岩手県内陸南部）全域の平定に成功します。勧告に応じて降伏したアテルイは、田村麻呂の助命嘆願にもかかわらず京都で処刑されました。

黒石寺は対蝦夷戦争の最前線であった胆沢城から、わずか十数キロに位置していました。しかも本尊の薬師如来像の造立された九世紀半ばは、まだ戦火の余燼のくすぶり続けている時期だったのです。

黒石寺をはじめとする北上川流域の仏像群は、単に在地の人々の純朴な願いを受け止める存在だったのではありません。中央政府の支配の最前線に沿って建立された、朝敵降伏《ごうぶく》のシンボルにほかなりませんでした。それはまた、蝦夷の抵抗の根拠地であった北上川東岸地域に深く打ち込まれた、文化的なくさびでもあったのです。

矛を手にし、仏敵を砕破すべく四周を見渡す毘沙門天像の鋭いまなざしは、同時に朝廷にあだなす蝦夷にも向けられていたのです。

大師山の岩窟は聖地だった

現在、黒石寺の伽藍は薬師堂周辺だけになっていますが、一時期かなりの規模の寺院であったと推定されます。寺の縁起では、かつて四十八の堂舎があったとされています。中央政権の後押しを受けて建立された黒石寺は、その後どのような命運を辿ったのでしょうか。

この問題を考えていくにあたって、わたしは皆様を、普段参拝客が足を運ばない場所にご案内したいと思います。寺の裏山の大師山（大師森）です。

国道三四三号線を黒石寺に向かうと、寺のすぐ手前で左に別れる道がみえます。そこに入ると、曲がりくねった急な上り坂になり、登り切った先に広い駐車場が現れます。ここが大師山森林公園の入り口です。

駐車場から山頂に向かう道はよく整備されており、木漏れ日が顔を染める気持ちのいい上り坂が続きます。まっすぐな急坂を過ぎると傾斜はいったん緩くなり、黒々とした岩が目立つようになります。黒石寺という名称の由来となった「蛇紋岩」の露頭です。

慈覚大師像（図録『祈りのかたち』東北歴史博物館）

頂上がみえるくらいのところまで来ると、ちょっとした平場があり、「大師堂跡」という案内板があります。かつてここにお堂があり、慈覚大師の像が安置されていたと伝えられています。この伝承を裏付けるかのように、黒石寺には一〇四七（永承二）年の銘墨書をもつ、「慈覚大師像」とされる僧形の像が残されています（前頁の写真）。

大師堂跡から先は、岩の間を縫っての急な登りとなります。上り詰めた先が、大師山の頂上です。ここからは、西に胆沢盆地を一望できます。眼下には北上川が横たわり、目を上げた先は高山植物の宝庫として知られる焼石連峰です。

いまは荒れ果てたままの大師山の慈覚大師座禅窟

森林公園の散策を楽しむほとんどの人は、この山頂を終着点としますが、黒石寺の歴史の深掘りを目指すわたしたちには、もう一つの重要な目的地があります。この山頂から、登ってきた方角とは逆に二百メートルほど下ると、岩が高い壁となって連なり、その一部が廂のように突き出して岩窟を形成している場所がありました。かつてこの入り口には屋形が作られていましたが、いまは全壊して廃材が積み上げられているだけです。

往時の面影を偲ぶべくもありませんが、この岩窟が、かつて慈覚大師が籠って修行をしたとされる聖地、慈覚大師座禅窟です（前頁の写真）。件の慈覚大師像も、本来ここに安置されていたと伝えられています。大師山という名称は、この窟《いわや》に由来するものだったのです。

黒石寺の近辺には山内川がつくる谷戸に沿って地蔵堂跡、文殊堂跡、聖観音堂跡、大日堂跡といった堂宇の跡が残っています。国道三四三号線を一キロほど進んだ先には御経塚山《おきょうづかやま》があり、平安後期に流行した埋経の地を思わせる地名です。

かつて黒石寺には、薬師堂を金堂とし大師山頂上の大師堂・入定窟を奥の院とする、谷戸一帯を占有する巨刹だった時代があったのです。

この世と浄土を結ぶコスモロジー

黒石寺が多数の堂宇を擁した全盛期とは、いったい、いつの時代だったのでしょうか。その謎を解き明かす糸口となるものが、慈覚大師伝説です。

東北には慈覚大師開創・中興の伝承をもつ寺院が数多くあります。恐山・中尊寺・立石寺など多くの参拝者を集める有名寺院は、いずれも慈覚大師との関わりを伝えています。注目されるのは、立石寺に典型的にみられるように、その多くが本堂に加えて、背後に奥の院をもつ形式をとっていることです。

十一世紀ごろになると、国家からの財政支援を期待できなくなった畿内の大寺院は、新たな財源を求めてフロンティアである東国に布教の手を伸ばし始めます。もっとも積極的だったのが比叡山延暦寺であり、その先鋒を務めたのが聖《ひじり》とよばれる宗教者たちでした。

聖はたんなる伝道者ではなく、同時に中央の最新の知識と技術の伝播者でもありました。彼らは新しい寺を作り、廃れた寺院を復興する一方で、中尊寺領の骨寺《ほねでら》で行ったように、新道を通し、水路を開き、田畑の開発を行うなど、地域の総合的な開発を進めたのです（第9章「骨寺」参照）。

おりしも畿内の寺院では山の寺の整備が進められ、聖人信仰が高揚する時期でした。山の寺では、その最奥部に、寺と関係の深い聖人を祀ることを通例としていました。

高野山に典型的なように、奥の院とよばれるようになるそれらの施設は、従来から寺の中心であった金堂に加えて、もう一つの聖域を形作ります。古代寺院が金堂（本堂）を聖なる中心として、外に向かって聖から俗へと移行する同心円型のコスモロジーを取っていたのに対し、新しいタイプの山寺では、従来の金堂に加えて奥の院という二つの焦点をもつ、楕円形のコスモロジーを特色とすることになったのです。

黒石寺を天台寺院に改めた天台聖は、以前から存在した薬師如来像と本堂に加えて、奇巌の突出する裏山に着目します。そこを祖師信仰の聖地とすることを目指した彼らは、大師窟をめぐる慈覚大師修行伝説を広める一方、僧形の大師像を造立して山上の岩窟に安置します。こうして大師山頂上一帯は、慈覚大師信仰と結びついた新たな聖域と化していくのです。

山上の聖域＝奥の院は、平安後期以降の浄土信仰の隆盛のなかで、この世と浄土を結ぶ通路と認識されました。中世の黒石寺が浄土信仰の影響下にあったことは、近くに経塚山があることからも推測できます。経塚の造営は土地の聖別を意味する行為であり、彼岸への回路の形成という意味をもっていたことは、これまでもなんどか触れた通りです。

しかし、近世に向けての他界浄土のリアリティの衰退に伴って、山上の聖地は宗教的な意味づけを失っていきます。そしていつしか、その存在そのものが忘れ去られる時代がやってきます。廃材に覆われてだれも顧みることのない大師窟は、信仰のあり方が時代と共に変化するものであることを、身をもってわたしたちに示しているのです。

20

人が往生を願うのは極楽浄土のためでないとしたら何を求めてのことか

立山と芦峅寺　富山県中新川郡

立山連峰の懐に分け入りて…

二〇二三年九月中旬のことです。富山市に宿を取ったわたしは車で、前日、能登半島の雨晴《あまはらし》海岸から眺めた立山連峰の懐に分け入りました。視野を妨げるもののない富山平野を縫って走る県道・富山立山公園線は、やがてススキの穂が波打つ、常願寺川に沿った谷間の道へと変わります。道路と並行して富山地方鉄道も通っています。

渓谷を登り詰めた先には常願寺川と称名川の合流点があり、正面には二つの川が削り出した台地が急な壁となってそそり立っています。許可のない一般車は、ここから先には入ることができません。鉄道もこの地が終点となります。平日でありながらほとんど満車に近い駐車場に車を置いて、立山ケーブルカー乗り場へと向かいます。

さまざまな言語を操る人々を乗せたケーブルカーは、急傾斜の壁を這い登って、七分ほどで美女平の駅に到着しました。ここで高原バスに乗り換え、道路の最高到達点である標高二千四百五十メートルの室堂を目指します。

立山連峰の反対斜面の黒部側が、黒部峡谷へと落ち込む急斜面の断崖を形作っているのに対し、富山側はなだらかな高原状の地形になっています。出発してしばらく樹林帯が続きますが、やがて周囲から木々が姿を消して見通しのよい風景に変わります。

道が高度を上げるにつれて、左手に大日岳・奥大日岳が姿を現します。池塘《ちとう》が点在する、弥陀ヶ原と呼ばれる広大な草地があります。曲がりくねった道を、高原バスはゆったりとした速度で登っていきます。五十分ほどの旅で室堂に到着です（写真）。

室堂からは立山の中核を形成する雄山《おやま》（三千三メートル）、大汝山《おおなんじやま》（三千十五メートル）、富士ノ折立《ふじのおりたて》（二千九百九十九メ

立山の南にひろがる弥陀ヶ原

ートル）の姿を正面に望むことができます。左右に、雄山とともに立山三山とよばれる別山と浄土山を従えています。室堂から雄山山頂へは二時間ほどの道のりです。この日は時折ガスがかかり、雨の降るあいにくの天気でした。十分な登山装備を用意していなかったため、室堂に近いみくりが池を一周する遊歩道を歩くことにしました。

すぐに雲が切れて、日差しが出てきました。雄山の岩肌がくっきりとみえます。湖面が山の姿を映し出しています。侵食谷に刻まれた登山ルートを、頂上に向かう人々の列があります。

遊歩道の途中からは地獄谷に降りる道が分岐しています。その方向を覗き込むと、はるか下方に白い岩が剥き出しになったすり鉢状の地形が広がっています。立山の地獄谷です。ここでは草木が消えて、至るところに熱湯が湧き、火山性ガスが吹き出しています。いまは有毒ガスの濃度が濃いため、立ち入ることができません。

この日、富山市の最高気温は三十度を超えていたはずですが、室堂の寒暖計は十九度を指していました。室堂のバスターミナルで食べた熱いお蕎麦が、とても美味しく感じられました。

死者の国に伝わる救いの説話

古来、立山は死者の国でした。十一世紀に編纂された説話集『法華験記』の話です。

──昔から立山の山中には、熱湯が吹き出し、火柱が立つ地獄があり、罪を作った日本人はこの地獄に堕ちると伝えられてきた。ある時、立山で難行苦行していた験者が山中で一人の若い女に出会った。人が恐怖を感じるのは、その場にいるはずのない存在と行き合うことである。行者もまた深山幽谷に似つかわしくない女をみて、魔物の出現かと恐れ慄《おのの》いた。

その様子を察した女は、自分は変化《へんげ》の者ではないと告げ、地獄に堕ちることになったわけを語り始めた。女性の父は近江国蒲生郡に住む仏師だったが、本来仏のために用いるべきものを日常の衣食代に流用していた。その罪で彼女は死後、地獄に生まれ変わることになり、筆舌に絶する苦難を受け続けている。

こう述べた後、女性は行者に、故郷の父母のところに行って、自分をこの地獄から救い出すために法華経の書写・供養をしてくれるよう頼んでほしい、と依頼した。訪れた修行者の話を信じて、両親が法華経の供養を行ったところ、女が父の夢に現れ、立山の地獄を出て、天上に転生することができたと告げた──。

十二世紀成立の『今昔物語集』にも、越中国の国府に勤める書生《しょしょう》（書記官）の妻が亡くなったときに、三人の子供たちが母に会うために立山地獄を訪れる話が収められています。この女も、法華経の力で天界に生まれ変わることができたというストーリーになっています。

中世までの立山は、特殊な訓練を積んだ修験者だけが立ち入ることのできる異界でした。俗人が気軽に足を踏み入れることができる場所ではなかったのです。しかし、江戸時代になって庶民の霊場参詣が盛んになってくると、立山もまた多くの人々を受け入れるようになります。

立山信仰を勧める行者や信徒は各地に出向いて立山参詣の功徳を説きますが、その時、持参するものが「立山曼荼羅」でした（154頁参照）。彼らは広げると畳数枚分に匹敵する巨大な曼荼羅を持参し、人々の前で絵解きを行うのです。立山曼荼羅はいまも五十幅ほどが現存しており、往時の立山信仰の流行ぶりを偲ぶことができます。

江戸時代の中頃から、富山の薬売りが全国を歩いて、家庭ごとに置き薬を届けるようになります。わたしが幼少のころ田舎で生活していたとき、毎年、富山の薬売りが訪ねてきたことを記憶しています。そのときもらえる、色鮮やかな紙風船などのおまけが楽しみでした。富山の薬売りは、立山の行者が開拓した全国行脚のルートを利用して販売網を広げて行ったのです。

立山曼荼羅はさまざまなバリエーションがありますが、中央に立山三山を大きく描き、そこに山中にあると信じられた異界を書き込むことが基本の形となっています。地獄谷では、鬼が罪を負った亡者を責め苛んでいます。日本一の落差を誇る称名滝もあります。雄山の周囲では、仏たちが空中を漂っています。

画面の端には剱岳《つるぎだけ》が描かれています。新田次郎が『劒岳　点の記』で取り上げた、人を容易に寄せ付けない険しい岩山です。二〇〇九（平成二十一）年には浅野忠信主演で、美しい映像として映画化されました。かつて剱岳は針山地獄と信じられていました。曼荼羅でも、尖ったたくさんの峰をもつ針の山のイメージで描写されています。

神仏分離で神社風になった寺

立山を下りたわたしが次に目指したのが、山麓にある芦峅寺《あしくらじ》と岩峅寺《いわくらじ》の二つの集落です。江戸時代には信仰登山の基地として栄えたところです。明治維新の神仏分離の影響でいまはどちらも神社が中心になっていますが、本来は寺院を核として形成された集落でした。岩峅寺と芦峅寺にあった仏像たちは、いまは各地に散在しています。

ケーブルの駐車場で再び車に乗り込んだわたしは、常願寺川渓谷の道を、往路とは逆方向の下流に向かいました。まず行き当たるのが芦峅寺です。芦峅寺の集落は、常願寺川右岸の河岸段丘上にあります。

立山の信仰登山がピークを極めた幕末には、芦峅寺は三十三の宿坊を抱えていたといわれます。いま往時の繁栄ぶりを偲ぶことは容易ではありませんが、集落の中心にある雄山《おやま》神社（中宮祈願殿）には長い信仰の歴史が刻み込まれています。

石の鳥居を抜けて参道に足を踏み入れると、鬱蒼とした杉並木の道になります。樹齢四百年以上の杉が道に沿って立ち並ぶ姿は壮観です（写真）。前述の映画「劔岳　点の記」では、劔岳に水準点を設置するために陸軍測量部員が出発するシーンに、この参道が使われていました。

かつての立山信仰の地・芦峅寺雄山神社

芦峅寺の雄山神社に残る最古の建築が若宮社です。小ぶりな建物ですが創建は戦国時代に遡ります。巨大な磐座《いわくら》の上に建てられた社殿が印象的です。中宮祈願殿の始原がここにあったことを物語る場所です。

江戸時代には夏の登山のシーズンになると全国の立山講の人々がこの芦峅寺に集まり、宿坊を営む衆徒に引率されて山頂を目指しました。山中には登山道に沿って「伏拝」「獅子ヶ鼻」「地獄谷」「餓鬼田」などの名称をもったスポットがあり、人々はそのいわれについての解説を聞きながら山を登っていくのです。室堂は江戸時代には信仰登山の山中拠点となっていた場所でした。

渓谷内に位置する芦峅寺に対し、岩峅寺は常願寺川が平野に抜けた場所に位置しています。こちらも現在集落の中心となっているのは雄山神社（前立社壇）です。室町時代の御本殿は金箔を押した装飾金具など隅々まで趣向が凝らされており、国指定の重要文化財になっています。

普段は日々の生活で精一杯の江戸時代の庶民にとって、霊場参詣は公的に認められた数少ない息抜きの場でした。麓から山頂までの変化に富んだ風景と、温泉などたくさんの遊興施設を備えた立山への信仰登山は、人気の観光コースでもあったのです。

芦峅寺閻魔堂から布橋を渡る

雄山神社を出たわたしは、歩いて芦峅寺の信仰遺跡を巡りました。まず向かった先が閻魔堂です。閻魔堂は県道を挟んで雄山神社の反対側に位置しており、すぐ先が常願寺川に落ち込む急な崖になっています。古い木造の堂内には、閻魔様がたくさんの姥神《おんばさま》を従えて鎮座しています。

姥神はよくみられるような、年老いた女性のイメージで造られています。その名称と役割は地域によってさまざまです。閻魔様と一緒に置かれているので、ここでは奪衣婆とされているのでしょうか。おんばさまは、みな浄衣を着て頭巾をかぶっています。

閻魔堂の境内からは川の方向に下りの小道（明念坂）が伸びており、道に沿ってたくさんの石仏が並んでいます。坂を下っていくと、やがて正面に赤い反り橋がみえてきます。常願寺川に注ぐ支流の姥堂川に架けられたこの橋は、布橋とよばれています。布橋を渡り始めると、正面に立山連峰が姿を現します。山が雪を戴く季節には、神々しい光景を目にすることができるにちがいありません（写真）。

灌頂会で名高い姥堂川に架けられた布橋

橋を渡った先には墓地が広がっており、鎌倉時代以来の膨大な数の石仏や墓石があります。この地にはかつて姥堂といわれる建物が存在しました。いまはその跡に、立山博物館の施設の一つである遥望館が建っています。ここでは映像によって立山の自然と信仰が紹介されています。

一九九六（平成八）年九月、芦峅寺で、明治維新の神仏分離以降長らく中断していた宗教行事が再現されました。布橋潅頂会です。この儀式の様子は、江戸時代に成立する立山曼荼羅に描かれています。

白装束に身を包み薄暗い閻魔堂に集まった女性たちは、閻魔像に手を合わせた後、白い布で目隠しをして編み笠をかぶり、引導衆に導かれて堂内から外へと歩みを進めます。境内の地面に敷かれた一筋の白布の上をゆっくりと歩き、明念坂を下ります。

白布が続く先には布橋があり、橋のたもとに到り着いた女人衆は、対岸から迎えに来た来迎衆に導かれて橋を渡り遥望館（江戸時代は姥堂）に入ります。締め切った闇の中で目隠しが取られ、読経がクライマックスに達したとき、建物の覆いが一斉に開かれ、眼前に日を浴びた立山連峰の姿が浮かび上がるのです……。

江戸時代に山岳信仰が盛んだったころ、立山は女人禁制の地でした。その当時、山に入ることを許されない女性を救うために行われたというこの行事では、布橋はこの世とあの世を結ぶ境界のシンボルでした。目隠しした女性たちが行う橋渡りの儀式は、極楽浄土への往生を含意するものだったのです。

心の安らぎに変わった往生観

平安後期に興隆し中世を通じて大きな影響力をもち続けていた浄土信仰は、この世を離れて、異次元に実在すると信じられていた理想世界＝浄土への生まれ変わりを目指すものでした。けれども、布橋灌頂会でイメージされる浄土は、人の認知能力の及ばない遠い世界ではありませんでした。それは閉ざされた闇を破って突如として眼前に出現する立山連峰そのものであり、その山中にある弥陀ヶ原にほかならなかったのです。

この儀式の背景にあったとされるものが、「山中他界」の思想です。死者が山に棲むという山中他界観が列島固有の世界観に根ざすものであり、仏教が伝来するとそのバイアスを受けて、地獄も極楽も山中にあるという思想へと変質してしまうという見方は、今日ではほとんど常識となっています。

しかし、これまで繰り返し指摘してきたように、それは決して日本の伝統的な世界観ではありませんでした。人々が遠い浄土のリアリティを共有できなくなる、江戸時代以降に広く定着する思想でした。この世と浄土との関係は、繰り返し大きな変動を経験しているのです。

再現された布橋灌頂会に参加した作家の辺見じゅんさんは、儀式の最中に「自分の心と向かい合っている気がした」（『北日本新聞』）というコメントを残しています。多くの参加者にとって、その目的は来世での救いではありませんでした。心身のリフレッシュだったのです。

そこでは「往生」とは、生死を超えた救済の確信ではなく、心の安らぎを得ることの比喩的表現にほかなりませんでした。布橋潅頂は一見きわめて来世的色彩の濃い内容でありながら、実際には死後の問題と彼岸表象が周到に排除されています。それは近世に生まれた新しい死生観を背景とした儀式だったのです。

布橋を渡って対岸に足を踏み入れると、そこには近隣住民が眠る墓地があります。この儀式の核心が、擬死再生を通じた心身の活性化にあることは先に述べたとおりです。布橋灌頂が死後の救いまでを守備範囲に収めるものだったとしても、それはかの墓地における安楽な眠り以上のものではありませんでした。もはや死者は垂直方向に浄土を目指さないだけではありません。水平方向にさえ、遠く旅立たない時代となったのです。

おわりに

本書は、二〇二〇年から二四年にかけて『月刊住職』に連載されたエッセイから、二十本を選んで編集したものです。前著『人は死んだらどこへ行けばいいのか』（二〇二一年）の続編となります。今回収録されなかったものは、このシリーズの第3巻として刊行される予定です。本シリーズは全三巻をもって完結となります。

全部で六十四回に及ぶ『月刊住職』の連載は、今年の三月号をもって終了いたしました。五年を超える長期にわたってご愛読いただいた皆様に、深く感謝申し上げます。

この連載の期間は、世界中がコロナ禍に覆われていた時期とほぼ重なります。膨大な数の人々がコロナパンデミックによって命を奪われ、愛しい人を失いました。各地での戦争の激化や異常気象・自然災害など、人類の生存そのものを脅かすさまざまな問題が顕在化した時代でもありました。不幸な状況のなかではありましたが、文系・理系の垣根や社会的な立場を超えて、わたしたちが直面する課題について議論を交わし、問題意識を深める機会を数多くもつことができました。本書の根底にある、パンデミックを人間の側からでなく、ウィルスの視点からみるという発想も、そうした議論のなかで生まれたものでした。

本書の編集も大詰めに入っていた今年の二月、衝撃的なニュースが飛び込んできました。本書の第19章で取り上げた黒石寺の蘇民祭が、今回を最後に終了することが決定したのです。祭りを支えてきた地域の過疎化と高齢化が進み、従来のような形での祭礼を継続できなくなったというのが、主だった理由でした。千年を超える歴史をもつとされる東北の代表的な行事が、こうしてまた一つ消え去ることになりました。

蘇民祭だけではありません。いま全国各地で伝統の祭りが姿を消しつつあります。この問題について、わたしのような部外者がコメントする資格はありませんが、3・11震災後の三陸沿岸の復興で、地域に伝わる祭礼が果たした重要な役割が思い返されます（第1巻参照）。過疎化の進行のなかで、生活のための物理的なインフラ整備だけでなく、その地に生きる人の心をつなぐシステムをどう維持し再建していくかが、重要な課題になっていることを感じます。

連載にあたっては、矢澤澄道社主と編集担当の上野ちひろさんにたいへんお世話になりました。また書籍化に際しては、今回も長谷川葉月さんに装丁と編集をご担当いただきました。この本を通じて縁を結ぶことのできたすべての皆様に、改めて心より御礼申し上げます。

二〇二四年四月

佐藤 弘夫

【参考文献】

鈴木岩弓・磯前順一・佐藤弘夫編『〈死者/生者〉論』ぺりかん社、二〇一八年
岩田重則『日本鎮魂考　歴史と民俗の現場から』青土社、二〇一八年
佐々木陽子『老いと死をめぐる現代の習俗』勁草書房、二〇二一年
島薗進『死生観を問う』朝日選書、二〇二三年
柳美里・佐藤弘夫『春の消息』第三文明社、二〇一七年
柳田國男『遠野物語　遠野物語拾遺』角川ソフィア文庫、二〇〇四年（第1章）
三島由紀夫「柳田國男「遠野物語」」『三島由紀夫評論全集』一、新潮社、一九八九年（第1章）
小泉八雲『新編日本の面影』角川ソフィア文庫、二〇〇〇年（第2章）
黒田日出男『龍の棲む日本』岩波新書、二〇〇三年（第4章）
佐藤弘夫『霊場の思想』吉川弘文館、二〇〇三年（第6章）
岩崎敏夫監修『会津八葉寺木製五輪塔の研究』万葉堂書店、一九七三年（第6章）
西岡常一・小原二郎『法隆寺を支えた木』NHKブックス、一九七八年（第7章）
折口信夫『死者の書』中公文庫、一九九九年（第7章）
五来重『熊野詣』講談社学術文庫、二〇〇四年（第8章）
西谷地晴美・西村さとみ編『大和・紀伊半島へのいざない』敬文社、二〇二〇年（第8章）

入間田宣夫『中尊寺領骨寺村絵図を読む』高志書院、二〇一九年（第9章）
佐藤弘夫『起請文の精神史』講談社選書メチエ、二〇〇六年（第12章）
鈴木正崇『山岳信仰』中公新書、二〇一五年（第12章）
横溝博「『源氏物語』の勝利」『日本古典文学を世界にひらく』勉誠出版、二〇二二年（第14章）
五来重『日本人の地獄と極楽』人文書院、一九九一年（第15章）
佐藤弘夫『死者の花嫁』幻戯書房、二〇一五年（第17章）
柳田國男「先祖の話」『柳田國男全集』一三、ちくま文庫、一九九〇年（第18章）
佐々木徹「陸奥黒石寺における「往古」の宗教的コスモロジー」『岩手史学研究』八四、二〇〇一年（第19章）
福江充『立山曼荼羅』法藏館、二〇〇五年（第20章）

著者紹介

佐藤 弘夫

1953（昭和28）年、宮城県生まれ。東北大学大学院文学研究科博士前期課程修了。博士（文学）。盛岡大学助教授・東北大学教授などを経て、現在、東北大学名誉教授。専門は日本思想史。著書『人は死んだらどこへ行けばいいのか（第1巻）』（興山舎）、『アマテラスの変貌』（法藏館）、『霊場の思想』（吉川弘文館）、『死者のゆくえ』（岩田書院）、『ヒトガミ信仰の系譜』（岩田書院）、『死者の花嫁』（幻戯書房）、『日本人と神』（講談社）他。

初出誌

本書は『月刊住職』（興山舎刊）の2020年11月号から2023年12月号までの連載をもとに加筆、編集したものです。

激変する日本人の死生観
―― 人は死んだらどこへ行けばいいのか 第2巻

2024年5月18日　第1刷発行

著者© 佐藤 弘夫
発行者 矢澤 澄道
発行所 株式会社 興山舎
〒105-0012 東京都港区芝大門1-3-6
電話 03-5402-6601
振替 00190-7-77136
https://www.kohzansha.com/

印刷 製本 株式会社 上野印刷所

ISBN978-4-910408-50-7　C0015
定価はカバーに表示してあります。